# Methodenbox für die Krippe

## Grundlagen und Arbeitshilfen zur Beobachtung und Dokumentation bei Kindern unter 3

# Impressum

**Methodenbox für die Krippe**
Grundlagen und Arbeitshilfen zur Beobachtung
und Dokumentation bei Kindern unter 3

**Autoren**
Antje Bostelmann, Michael Fink

**Fotos**
Aljoscha Boesser
Barbara Dietl – www.dietlb.de
Ferdinand Bostelmann

**Gestaltung**
Annika Zipperling

**Lektorat**
Janine Parpart, Karolin Bachmann

**Druckerei**
Druckerei Uwe Nolte, Iserlohn
Gedruckt auf chlorfrei gebleichtem Papier

**Verlag**
Bananenblau – Der Praxisverlag für Pädagogen
Bananenblau UG (haftungsbeschränkt)
Arkonastr. 45–49
13189 Berlin

Telefon: 030 477 96 0
Telefax: 030 477 96 204
E-Mail: info@bananenblau.de
www.bananenblau.de


ISBN 978-3-942334-25-9

BANANENBLAU
Der Praxisverlag für Pädagogen

Die Fotos wurden in der KLAX-Krippe Sonnenhaus in Berlin aufgenommen. Die Inhalte des Buches entsprechen den Grundsätzen und Anforderungen der KLAX-Pädagogik.

---

# Inhalt

# Vorwort: Beobachtung ist möglich

Liebe Leserinnen und Leser,

Sie kennen diese Stoßseufzer von Ihren Kolleginnen: „Man müsste eigentlich viel mehr beobachten!“ – „Sich einfach hinsetzen, den Kleinen zuschauen, erkennen, was sie machen...“ – „Eigentlich müssten wir das jetzt mal den Eltern zeigen!“– „Unsere Zeit ist in der Krippe viel zu knapp, zwischen Trösten, Angebot, Händewaschen und Mittagessen haben wir gar nicht die Möglichkeit zu beobachten!“. Seufzer wie diese hören wir oft in Diskussionen über die pädagogische Arbeit in der Krippe. Warum aber seufzen Erzieherinnen, statt sich einfach mal auf die Beobachtung einzulassen? Welche Botschaft steckt hinter diesen häufig gehörten Sätzen? Lassen Sie uns darüber nachdenken.

Erstens: Beobachtung ist der erste und wichtigste Schritt, will man den pädagogischen Alltag so planen, dass alle Aktivitäten zu den Kindern passen, sie begeistern und ihre Entwicklung fördern. Die Planung des Alltags muss von den Kindern ausgehen – das ist uns Pädagogen klar.

Zweitens: Beobachtung kommt im pädagogischen Alltag zu kurz, weil es keine Zeitreserve dafür gibt. In der Krippe ist der Tagesablauf gefüllt mit wichtigen Tagesphasen, begleitenden Hilfstätigkeiten und viel unvorhersehbaren Situationen. Dies macht die guten Absichten der Pädagoginnen, heute doch endlich mit der Beobachtung zu beginnen, häufig zunichte.

Drittens: In vielen Teams werden Möglichkeiten gesucht, den Alltag für die Mitarbeiterinnen zu erleichtern. Es gibt viele Ideen, wie es anders ginge, ob man also vielleicht den Morgenkreis besser kürzen, das Mittagessen anders organisieren oder nach hinten verschieben sollte. Aber was das mit den Kindern machen würde, weiß man nicht genau. Hier wäre es jetzt hilfreich auf fundierte Beobachtungsergebnisse zurückzugreifen.

Viertens: Viele Beobachtungsinstrumente, ob nun staatlich verordnet oder selbst erdacht, sind kompliziert. Auf komplex gestalteten

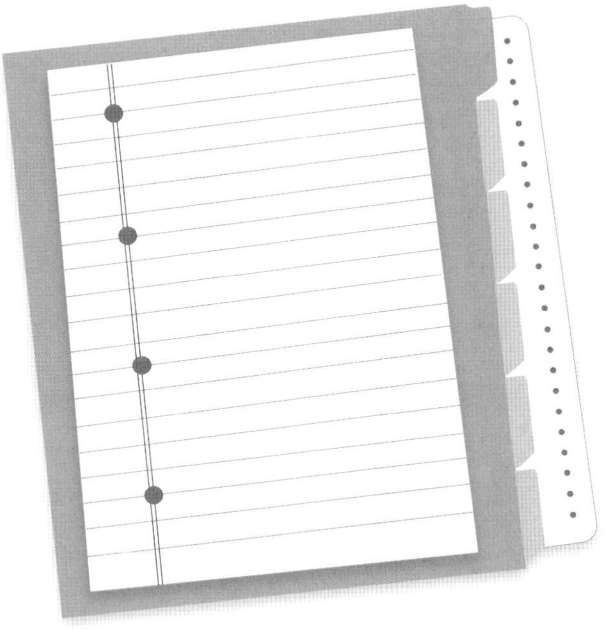

Formularen mit oftmals mehreren Blättern soll die Erzieherin detaillierte Angaben über die Kinder eintragen.

Ist es also wirklich nicht möglich vom Kinde aus zu planen, weil es keine Zeit für eine sinnvolle Beobachtung gibt? Kostet Planung, die vom Kind ausgeht, zuviel Zeit – oder gewinnt man dadurch welche?

Unsere Überzeugung, die wir mit diesem Buch vermitteln möchten, ist es, dass kindzentrierte Planung ein unabdingbares Instrument der pädagogischen Arbeit ist und in mehrfacher Hinsicht einen Nutzen hat: Es garantiert, dass der pädagogische Alltag den Bedürfnissen und Entwicklungsständen der Kinder entspricht, dadurch für die Pädagoginnen leichter wird und ihnen am Ende sogar eine Zeitersparnis bringt. Überlegen Sie einmal, wie viel Zeit unsichtbar verschwendet wird, wenn wir Angebote akribisch planen und Material beschaffen – und die Kinder dann damit nichts anfangen können, weil unsere Idee mit ihren tatsächlichen Bedürfnissen nicht einhergeht. Oder Zeit, die wir für Vorbereitungsarbeiten verwenden, bei denen uns die Kinder gerne geholfen hätten – wir aber gar nicht wussten, dass sie dies schon können.

Manche Erzieherin wird sagen: „Ich sehe meine Kinder ja den ganzen Tag, da weiß ich doch, was sie können und was ich ihnen anbieten muss". Leider stimmt dies nur bedingt. Um aus einer fundierten Beobachtung wirklich gute Planungen entstehen zu lassen, braucht es Distanz, mehr als zwei Augen und reflektierende Gespräche. Dazu muss der Planungsablauf in einzelne Schritte zerlegt werden, die genau abgearbeitet werden können. Beobachten, Dokumentieren, Reflektieren und Planen sind die Teilschritte einer gründlichen pädagogischen Vorbereitung in der Krippe.

Es gehört Übung dazu, eine gute Beobachtung hinzubekommen. Ein eingespieltes

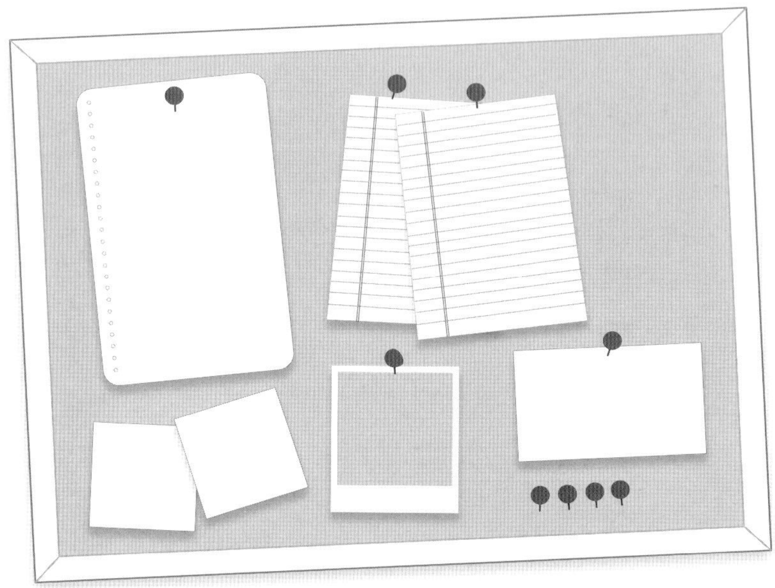

Team macht vieles leichter. Es braucht aber auch eine Führungskultur, in der es selbstverständlich ist, Beobachtungszeiträume verbindlich festzulegen. Und nicht zuletzt sind gute, leicht verwendbare Werkzeuge und Methoden für eine gelingende Beobachtung unabdingbar. Schade, dass viele Beobachtungssysteme, die deutschen Kitas und Krippen vorgeschlagen werden, so gründlich und arbeitsaufwändig sind, dass sie viel zu selten zum Einsatz kommen. Man könnte von „Feiertag-Methoden" sprechen: Zu besonderen Anlässen sorgfältig angewendet, im grauen Alltag ignoriert. Unser Anspruch beim Sammeln der Beispiele in diesem Buch war es also, möglichst einfache, schnelle und unkompliziert einzusetzende Werkzeuge vorzustellen. Am Ende ist dann alles ganz simpel: „Indem ich einfach beginne, die Kinder zu beobachten, finde ich heraus, wo sie in ihrer Entwicklung stehen und was sie besonders interessiert. Damit weiß ich dann, wie ich meinen Tag besser aufteilen kann und mit welchen einfachen, aber passenden Angeboten ich die Kinder besser erreiche!"

Wie so oft im Leben steckt hier der Teufel im Detail. Achten Sie darauf, was Sie aufschreiben, wenn Sie eine Beobachtung machen. Steht in Ihren Notizen dann wirklich das, was Sie gesehen haben, oder das was Sie sehen wollten und was Sie über das Gesehene gedacht haben?

Um drei große Begriffe geht es in diesem Buch: Beobachtung, Planung und Dokumentation. Drei Arbeitsschritte werden damit bezeichnet, die untrennbar miteinander verschmolzen sind. Wenn ich beobachte, was die Kinder tun, weiß ich, was sie jetzt brauchen könnten – und schon beginne ich zu planen. Indem ich die Beobachtungen mit Wort und Bild festhalte, dokumentiere ich. Eine Erzieherin die sich hinsetzt, um im Portfolio eines Kindes dessen neuesten Entwicklungsschritt mit Text und Bild festzuhalten, dokumen-

tiert damit eine Beobachtung. Während des Klebens und Schreibens macht sie sich automatisch planende Gedanken. Auch das ist eine flexible, wenig zeitaufwändige Form des Arbeitens.

Beobachten, Planen und Dokumentieren sind keine Dinge, die zusätzlich in den ohnehin schon übervollen Alltag der Krippe gestopft werden müssen. Es sind Methoden, die sich – richtig angewendet – organisch in den Alltag einfügen, aus dem Alltagsgeschehen hervorgehen und dem Tun der Pädagogen mehr Sinn geben, indem sie zu besseren Ergebnissen führen. Wer bisher einen Bogen darum gemacht hat, wird wie bei jedem Neuen anfangs Mühe haben. Mühe die sich aber vielfach auszahlt: Es macht glücklich, die Potentiale jedes Kindes zu erkennen und ihm genau das zu bieten, was es gerade braucht.

Wir wünschen uns, dass unsere Ideen und Vorschläge Sie inspirieren und Ihre Arbeit mit den ganz kleinen Kindern unterstützen. Wir hoffen, dass wir Ihnen und Ihrem Team Hilfsmittel und Anregungen für gemeinsame pädagogische Diskussionen geben können, die Ihnen helfen, eigene Wege zu entdecken, um Probleme, vor denen Sie im Alltag stehen, zu lösen.

Antje Bostelmann und Michael Fink
Dezember 2013

---

Um den Lesefluss nicht zu behindern, haben wir im Fließtext meistens die weibliche Form gewählt. Es dürfen sich aber immer beide Geschlechter angesprochen fühlen.

# Krippenkinder lernen anders

*In diesem Teil des Buches laden wir Sie ein, über die Besonderheiten der Entwicklung von Kindern in den ersten Lebensjahren nachzudenken. Wir möchten zeigen, dass Krippenkinder nach einem inneren Fahrplan lernen, den zu ignorieren völlig widersinnig wäre. Trotzdem fällt es vielen Krippen- und Kindergarten-Teams schwer, den Kindern Angebote und Erfahrungsmöglichkeiten zu bieten, die diesem inneren Fahrplan entsprechen. Am Ende des Kapitels stellen wir wesentliche Spielhandlungen von Kindern unter drei vor. Diese zu kennen und in der Beobachtungsphase zu erkennen, ermöglicht es uns, die Kinder entsprechend ihrem inneren Fahrplan zu fördern.*

Viele Krippen in Deutschland haben sich aus Kindergärten entwickelt. Die Pädagoginnen, die dort arbeiteten, standen anfangs vor der Frage, wie sie ihre gewohnte Arbeit auf die neue Altersgruppe anpassen könnten – und die Antwort war oft eine vereinfachte Form des Gewohnten: Es wurde das, was mit Kindergartenkindern super klappt, vereinfacht und reduziert. Das Konzept vieler neuer Krippen könnte „Einfach-noch-nicht-so-Methode" heißen: Es gibt Angebote wie für die Großen, aber einfach noch nicht so viele und nicht so lange. Der Morgenkreis ist die gleiche Sitzrunde, aber er ist einfach noch nicht so lang. Die Spielsachen sind die gleichen wie für die Großen, aber sie sind einfach noch nicht so kleinteilig – oder einfach noch nicht so gut erreichbar für die Kinder. Beobachtet man die Kinder in solchen Einrichtungen aufmerksam, wird schnell klar, dass diese „Methode" nicht passt. Kinder im Krippenalter sind einfach keine 1.0-Version eines Kindergartenkindes, sondern ganz andere Wesen mit ganz anderen Bedürfnissen. Übertrieben? Keineswegs: Zweijährige und Fünfjährige sprechen eindeutig nicht die gleiche Sprache, sehen mit den Augen anders, verarbeiten Erfahrungen anders und orientieren sich ganz anders in ihrer Umwelt.

Kleinkinder unterscheiden sich grundsätzlich in der Art und Weise, wie sie Nähe und Körperkontakt brauchen und einfordern. Eigentlich ist es da nur logisch, dass sie ganz andere Formen der Betreuung, der Motivation und des Anreizes brauchen.

# Fünf Regeln: So lernen kleine Kinder

## Erstens: Kleinkinder erobern die Welt aktiv und aus eigenem Antrieb

Die Entwicklung des Kindes in den ersten 24 Monaten folgt einem von der Natur vorgegebenen Programm. Das Kind lernt krabbeln, laufen, sprechen. Es beobachtet uns Erwachsene und andere Kinder, um das, was es sieht, nachzuahmen. Es untersucht die Dinge, mit denen wir uns beschäftigen, um ihren tieferen Sinn zu erkennen. Im dritten Lebensjahr entwickelt das Kind ein Interesse für die Erfahrungen und das Können der Erwachsenen. Es will Lieder und Reime von uns Großen lernen und fragt immer häufiger „Warum?“ oder „Was ist das?“. Kleinkinder muss man nicht motivieren, etwas zu erkunden. Sie haben einen starken inneren Antrieb, sich den für ihre Entwicklung wichtigen Fragen zuzuwenden. Es hätte wenig Sinn, ihnen Themen für ihre Untersuchungen vorzugeben. Zum einen weil sie das Konzept des Themenbegriffes noch gar nicht verstehen und somit nicht in ihre Entdeckungen einbeziehen können. Zum anderen würden ihre entwicklungsbedingten Untersuchungen dadurch zu kurz kommen. Kleinkinder nehmen jedoch gerne Anregungen auf, die zu dem passen, was sie gerade untersuchen: Ein Kleinkind welches unermüdlich Gegenstände durch den Raum trägt, würde eine bereitgestellte Tasche oder einen kleinen Wagen gut in sein Spiel einbeziehen können. Würde man ihm in dieser Phase ein Buch anbieten, würde das Buch zu einem gern genommen Gegenstand, der transportiert wird. Kleinkinder brauchen Erwachsene, die das kindliche Tun genau verfolgen, um sie durch die richtigen Impulse und durch sinnvolles Material zu unterstützen. Erzieherinnen brauchen deshalb ein umfangreiches Wissen über die Entwicklung von Kleinkindern. Ein Wissen welches ihnen hilft, Beobachtungen richtig zu verstehen und richtige Ableitungen zu treffen.

## Zweitens: Kleinkinder erobern die Welt mit individuell unterschiedlichen Schwerpunkten

Kleinkinder wechseln ständig ihre Tätigkeiten. Auf Erwachsene wirkt dieses scheinbar sinnlose Hin und Her oft verstörend. Die dabei entstehende Unordnung im Krippenraum wird als unangenehm empfunden. Erzieherinnen leiten daraus häufig ab, dass es ihre Aufgabe ist, für Ordnung zu sorgen, indem sie jedes Kind mit der gleichen Aufgabe beschäftigen: „Jetzt setzen wir uns alle an den Tisch und malen ein Bild.“ Wer dies tut, verhindert lernen. Besser wäre es, den Raum so zu gestalten, dass jedes Kind die Dinge findet, die seinem aktuellen Untersuchungsverhalten entsprechen.

Kleinkinder prägen in ihrem Tun bestimmte Schwerpunkte aus, die einige Zeit Bestand haben: Das eine Kind mag stundenlang Bücher durchblättern, das andere lieber mit Tüchern spielen, das dritte scheint hauptsächlich die motorische Herausforderung zu reizen. Dieses frühkindliche „Spezialistentum“ mag Eltern und Erzieher zeitweise beunruhigen: „Vermeidet mein Bücherwurm etwa Bewegungen und entwickelt seine Motorik damit unzureichend?" Doch hier können wir beruhigt zuschauen. Kleinkinder lernen „myzelartig" (siehe Kasten) und ändern ihre Verhaltensvorlieben plötzlich. Am Ende aber sammeln sie über die ersten Jahre hinweg eben doch alle notwenigen Erfahrungen, wenn sie nicht durch ein Handicap daran gehindert werden.

Um hier nicht den Überblick zu verlieren, ist es absolut sinnvoll, das Tun jedes Kindes durch aufmerksame Beobachtungen zu begleiten. Nur so können Erzieherinnen vermeiden, dass sie mit ihren Materialangeboten und Aktivitäten bestimmte Entwicklungsbereiche völlig übersehen. Dabei ist allerdings viel Gelassenheit und Vertrauen in die Entwicklung der Kinder notwenig. Denn eine akribische Verfolgung der kindlichen Entwicklung mit Hilfe von Entwicklungstabellen ist Unsinn. Die meisten Entwicklungstabellen bilden eher einen statistischen Durchschnitt ab und gehen davon aus, dass die Kinder sich linear und alle zusammen in denselben Schritten entwickeln. Je kleiner die Kinder sind, desto mehr unterscheiden sie sich darin, welche Fähigkeiten sie schon stark, welche hingegen sie weniger ausgeprägt haben.

### Myzelartiges Lernen:

Pilze bilden unterhalb ihres Fruchtkörpers ein Myzel aus. Oft sieht man über der Erdoberfläche nur kleine Pilze, darunter liegt aber ein in dreidimensionaler Richtung weit verzweigtes Netz – das Pilzmyzel.

Um zu verdeutlichen, dass Lernprozesse nie einer einzigen Richtung folgen und auch nicht wohlsortiert nacheinander ablaufen, haben schwedische Pädagogen den Begriff „myzelartiges Lernen" geprägt. Das Bild vom Myzel verdeutlicht, wie verzweigt Lernwege sind.

## Drittens: Kleinstkinder erobern die Welt auf vielfältigen Wegen

Erwachsene machen häufig die Erfahrung, dass Kleinkinder mit den ihnen angebotenen Gegenständen nicht zielgerichtet umgehen. Kleinkinder sind wenig daran interessiert, zu erfahren, was man am besten mit einem Ding macht. Sie erproben selbst, was man alles damit machen könnte.

Unspezifischer Umgang mit dem Material wird diese Handlungsweise von Kleinkindern genannt. Dass sie nicht in der Lage sind, eine Tasche genau so zu verwenden, wie wir Erwachsenen es tun würden, ist kein Manko. Die zielgerichtete Verwendung von Dingen ist eine Kulturfrage. Die richtige Anwendung eines Gegenstandes ist nicht mit dem Gegenstand verbunden. Vielmehr hängt es von der jeweiligen Kultur ab, was man üblicherweise und gesellschaftlich akzeptiert mit dem Gegenstand macht oder eben nicht. Kleine Holzstäbchen werden in Asien zum Essen benutzt. In Europa würde man kleine Holzstäbchen eher dem Bereich der Hobbybastler zuordnen. In die Kultur, die bestimmt, was wozu da ist, entwickeln sich Kleinkinder langsam hinein. Auf dem Weg dahin verwenden sie die Gegenstände in vielfältigster Form. Eine Tasche kann also auch eine Mütze sein, ein Kissen oder eine Zierde. Pädagogen sollten daran denken, bevor sie die Erkundungen der Kleinkinder mit einem kurzen „Das macht man nicht!" abwürgen. Sie sollten dies aber auch berücksichtigen, wenn sie Materialangebote planen. Eine unspezifische Verwendung der Dinge kann, wenn sie vom Erzieher nicht vorausgesehen wird, zu Unfällen führen.

## Viertens: Kleinkinder erfahren die Welt mit allen Sinnen

Vielfältig sind auch die Sinneskanäle, mit denen Kleinkinder auf Erfahrungssuche gehen: Kleine Kinder wollen Dinge sehen, hören, tasten, fühlen, schmecken. Die Materialien, die Kleinkindern zur Verfügung stehen, sollten dem gerecht werden und vielen Sinnen etwas bieten. Das meint nicht, dass Kleinkinder nur glatte und sanfte Dinge vorfinden sollten. Reize gehen oft vom wirklich Ungewohnten aus. Für einen Einjährigen ist es wichtig, mal an einer Schuhbürste zu lecken oder zu erfahren, wie schwer und kalt Metallkugeln sind. Weiches Leder hat andere Eigenschaften als Handtuchstoff und Glas verhält sich anders als Plastik.

Alle Sinne zu stimulieren heißt auch, Kinder auf Dinge heraufklettern zu lassen, sie in heller und dunkler Umgebung zum Erkennen von Gegenständen zu animieren, Geräusche erfahrbar zu machen und verschiedenste Lebensmittel kosten zu lassen. Gerade das Lernen mit allen Sinnen ist ein Begriff, den viele Pädagogen häufig im Munde führen, ohne sich darüber im Klaren zu sein, wie vielfältig die Angebote und Materialien sein müssen, will man Kindern dies ernsthaft ermöglichen.

## Fünftens: Kleinstkinder erobern die Welt allein, aber in engem Bezug zur Umwelt

Kleine Kinder machen mit anderen Kindern nichts oder nur wenig zusammen – aber von Anfang an brauchen sie es, Dinge neben anderen zu tun. Schließlich ist die Nachahmung von Tätigkeiten Anderer eine ihrer wichtigsten Methoden, die Welt zu verstehen. „Erst wenn ich die Welt mit meinem ganzen Körper verstanden habe, kann ich sie mit anderen teilen." Dieser Ausspruch einer italienischen Erzieherin zeigt deutlich wie wichtig es ist, kleinen Kindern viel Raum dafür zu geben, mit sich allein Welterkundungen zu machen. Trotzdem werden andere Menschen gebraucht.

Es spielt für die Entwicklung des Menschen eine große Rolle, wie viel es in der Umgebung nachzuahmen gibt. Andere Kinder und beschäftigte Erwachsene sind im Entwicklungskontext der Kleinkinder also von großer Bedeutung. Am Ende des zweiten Lebensjahres ist es dann soweit. Die Welt und ihre Gegenstände sind in den Grundzügen verstanden worden. Nun wendet sich das Kind einer anderen interessanten Sache zu – dem anderen Menschen. Die Sprachentwicklung hat einen Stand erreicht, der aktives Kommunizieren zulässt. Das Konzept hinter den Begriffen „mein" und „dein" weckt das Interesse der Kinder. Die soziale Entwicklung tritt in den Vordergrund.

# Verwirrendes Tun oder überraschend klare Untersuchungen – Elementare Spielhandlungen

Trotz bester Absichten, Kinder auf ihre Weise lernen zu lassen: Nicht nur junge Eltern, sondern auch unerfahrene Pädagoginnen verwirrt es, dem ungelenkten Tun von Kindern zuzusehen. Viele der Handlungen, die Kleinstkinder mit großem Ernst ausführen, erscheinen auf den ersten Blick anarchisch, nicht selten destruktiv – etwa das Herunterwerfen oder Zerstören von Dingen. „Die testen eben aus, wie wir reagieren", denken Eltern oder manche Pädagoginnen dann. Fast richtig, aber doch daneben: Kleine Kinder testen nicht aus, wie die Erwachsenen reagieren, sondern wie die Dinge um sie herum reagieren.

Englische Pädagoginnen haben vor einigen Jahren damit begonnen, solche immer wiederkehrenden Handlungen von Kleinstkindern zu erfassen und eine Systematik darin zu finden. Diese Ordnung, bisweilen auch „Elementare Experimente" genannt, hilft den Erwachsenen, hinter dem verwirrenden Tun eine Fragestellung des Kindes an die Welt zu erkennen, auf die es mit seiner Aktivität eine Antwort sucht. Auf diese Weise fällt es leichter zu verstehen, warum es besser ist, die Kinder mit geeigneten Materialien oder Spielvorschlägen zu unterstützen, anstatt sie von mancher Handlung abbringen zu wollen. Eltern beruhigt es, wenn sie auch durch die Bezeichnung „Experiment" verstehen, dass sich genau in diesen Handlungen der Antrieb des Kindes zeigt, lernen und sich damit entwickeln zu wollen.

Keine Angst vor starrer Systematik: Das Prinzip der „Elementaren Spielhandlungen" ist ein offenes. Wie man auch aus unserer Tabelle mit Beispielen für die wichtigsten Spielhandlungen kleiner Kinder erkennen kann, passen viele typische Tätigkeiten in mehrere Kategorien. Ein Beispiel: Beim Spiel mit der Murmelbahn können Kinder zunächst das Verbinden und Trennen von Dingen untersuchen, beschäftigen sich dann mit dem Fall und mit dem Transport von Dingen und außerdem mit dem Erzeugen von Geräuschen.

## ELEMENTARE SPIELHANDLUNGEN – UND WIE MAN SIE BEOBACHTEN UND FÖRDERN KANN.

Die folgende Übersicht stellt häufige „Elementare Spielhandlungen“ von Kleinstkindern vor.

| Wiederkehrendes Spielschema: | Typische Tätigkeiten: | Welterkenntnis: | Alltägliche Erfahrungen des Kindes: | Fördern durch: |
|---|---|---|---|---|
| Dinge verbinden | • Steckspiele spielen<br>• Puzzeln<br>• Kleben<br>• Sich die Hände reichen<br>• Dinge zusammenrühren | • „Aus zwei Dingen kann eines werden!“ | • Angezogen werden<br>• Dinge ineinander stecken | • Steckspiele, Puzzle bereitstellen<br>• Lieder singen, zu denen man gemeinsam tanzen kann |
| Dinge trennen | • Bekleidung öffnen<br>• Türen öffnen<br>• Dinge in Einzelteile zerlegen<br>• Schneiden | • „Dinge bestehen aus Einzelteilen“ | • Erleben, dass Dinge kaputt gehen<br>• Sich morgens von den Eltern trennen | • Puzzle und Steckfiguren bereitstellen |
| Dinge fallen lassen | • Gegenstände werfen, fallen lassen,<br>• Türme einstürzen lassen<br>• sich fallen lassen | • „Fast alle Dinge fallen hinab“ (Untersuchung der Schwerkraft) | • Selbst hinfallen<br>• Erleben, dass fallengelassene Dinge zerbrechen oder Lärm machen<br>• Erfahren, dass Fallenlassen oft negativ bewertet wird | • Bälle bereitstellen<br>• Dinge untersuchen, die nicht oder nur langsam fallen: Seifenblasen, Taschentücher... |
| Balance untersuchen | • Schaukeln<br>• Sich auf kippeligen Untergrund stellen<br>• balancieren;<br>• fragile Türme bauen | • „Man kann Dinge vor dem Fall bewahren!“ | • Gewiegt werden<br>• Stehen und gehen lernen | • Schaukeln, Hängematten, Balancierbalken zur Verfügung stellen<br>• Viele Bausteine anbieten<br>• Klettern fördern |

| | | | | |
|---|---|---|---|---|
| **Dinge verdecken und verstecken** | • Versteckspiel<br>• Kuckuckspiel<br>• Den Raum verlassen | • „Dinge, die man nicht sieht, können trotzdem noch da sein!“ (Objektpermanenz) | • Gebracht werden, Abschied nehmen, abgeholt werden<br>• Erleben, dass Dinge verloren gehen und wieder gefunden werden | • Einsteckdosen bereitstellen<br>• Kinder beim Ein- und Ausräumen beteiligen |
| **Dinge transportieren** | • Wagen schieben<br>• Taschen tragen<br>• Schwere Dinge tragen<br>• Andere tragen, sich tragen lassen<br>• Mit Autos spielen<br>• Dreirad fahren | • „Dinge lassen sich fortbewegen.“ | • Gefahren werden<br>• Getragen werden<br>• Reisen machen<br>• Einen Weg kennen<br>• Fahrbahnen und Gleise erleben | • Gutes Fahrzeugangebot<br>• Lange Strecken, die als Bahn genutzt werden können<br>• Malen mit Rollen<br>• „Autos“ aus Pappkartons<br>• Bücher mit Fahrzeugen |
| **Dinge ordnen** | • Aufräumen<br>• Schubladen erkunden<br>• Sich gegenseitig vergleichen | • „Manche Dinge gleichen sich.“ (Kategoriebildung) | • Ordnungen im Alltag erfahren | • Kinder beim Tischdecken beteiligen<br>• Gemeinsam aufräumen und Tagesphasen vorbereiten |
| **Den Kreis untersuchen** | • Sich drehen<br>• Räder beobachten | • „Im Kreis kommt man wieder zum Anfang zurück!“ | • Der Tageskreis<br>• Der Jahreskreis<br>• Runde Dinge (Teller...) | • Kreisspiele<br>• Auf Wiederkehr bestimmter Dinge hinweisen |
| **Klänge untersuchen** | • Gegen klingende Dinge klopfen<br>• Klänge durch Pusten, Kratzen etc. erzeugen | • „Jedes Ding hat seinen Klang!“ | • Unbekannte Klänge als bedrohlich empfinden und identifizieren wollen<br>• Alltägliche Klänge erfahren | • Musikinstrumente anbieten<br>• Auf interessante Geräusche hinweisen<br>• Auf Dauerbeschallung verzichten |

Vgl. Seht mal, was ich kann!, Bostelmann, Fink, Bananenblau 2012

# Weil das Kind den Weg weiß: Das Konzept der Entwicklungsbegleitung

*In diesem Kapitel stellen wir Ihnen das Konzept der Entwicklungsbegleitung vor. Kerngedanke ist es, bei allen Planungen konsequent von den erkannten Bedürfnissen der Kinder auszugehen. Wir argumentieren dafür, die Methoden der Entwicklungsbegleitung als durchgängiges Konzept umzusetzen, das auch die Eltern als aktiven Part einbezieht.*

Zu Beginn des Kapitels möchten wir die Welt der Krippe mit einer – zum Glück ausgedachten – Gastwirtschaft tauschen. „Es ist mir zu mühsam", denkt der Wirt, „die Gäste immer nach ihren Wünschen zu fragen. Ich hab doch meine Erfahrungswerte: Die Männer wollen mittags immer Schnitzel und Bier, die Frauen Salat mit Putenbrust und danach Kaffee. Also bereite ich alles vor und stelle es direkt hin, wenn sich die Gäste setzen – das geht viel schneller!" Weil sich bald zeigt, dass die weniger werdenden Gäste die verordneten Teller oft nur halb leer essen, versucht sich der Wirt an immer komplizierteren Rezepten. Aber das bleibt genauso erfolglos wie der Versuch, den Männern statt Schnitzel probeweise immer Kotelett aufzutischen und den Frauen eine Suppe hinzustellen.

Was für eine unsinnige Idee! Aber in vielen Krippen wird traditionell auf eine vergleichbare Art und Weise gearbeitet. Das Programm wird festgelegt, ohne die Bedürfnisse der Kinder betrachtet zu haben. Viele Angebote ergeben sich, weil Eltern das so wünschen, die Einrichtung das schon immer so macht, es so schön im Fachbuch vorgeschlagen wurde oder der Bildungsplan dieses Ziel benennt. Das kann ab und zu durchaus auf große Resonanz stoßen – bei einzelnen Kindern, so wie einigen Gästen des Wirtes das vorgesetzte Essen geschmeckt hat. Sie sind dann gerade zufällig bereit für die Aktion, so wie ein Gast zufällig ohnehin Appetit auf Schnitzel hatte. Für die anderen Kinder hat das Angebot wenig gebracht – und die notwendige ihrem Entwicklungsstand angemessene Anregung, bestimmte Erfahrungen machen zu können, kam zu kurz.

Bei einer die Entwicklung begleitenden Arbeitsweise in der Krippe, wie wir sie in diesem Buch vorstellen, hat dagegen das Ermitteln der Ausgangslage beim Kind, also das Erfahren seiner aktuellen Interessen und damit einhergehend seines Entwicklungsstandes große Bedeutung. Aber auch in allen anderen Phasen der Arbeit kommt immer wieder der Gedanke der Entwicklungsbegleitung zum Zuge.

Eine auf guter Beobachtung basierende Entwicklungsplanung muss den Krippenalltag wie ein roter Faden durchziehen.

# Der rote Faden der Entwicklungsbegleitung

Wie ein roter Faden zieht sich die kindzentrierte Entwicklungsbegleitung mit ihren Elementen Beobachtung, Feststellung und Dokumentation von Entwicklungsschritten, Reflexion sowie Planung von Herausforderungen durch den Krippenalltag

- **ENTWICKLUNGSSCHRITT FESTSTELLEN**
- **DOKUMENTIEREN**
- **DIE BEOBACHTUNGEN REFLEKTIEREN**
- **DAS KIND HERAUSFORDERN = PLANUNG**

## ENTWICKLUNGSSTAND FESTSTELLEN DURCH BEOBACHTUNG

Der erste Schritt bei der Begleitung der Entwicklung von Krippenkindern ist Beobachtung. Die Aufmerksamkeit der Erzieherin gilt dem Tun des Kindes, um dabei entwicklungsbedingte Häufungen von bestimmten Tätigkeiten zu entdecken.
**Aktionsform: gezielte und ungezielte Beobachtungen**

## BEOBACHTUNG DOKUMENTIEREN

Unmittelbar beim Beobachten zeichnen die Erzieher im zweiten Schritt die Beobachtungen auf – meist natürlich parallel zur Beobachtung. Das können detaillierte Beschreibungen der beobachteten Abläufe sein, wobei jetzt noch keine Deutung erfolgen sollte. Genauso machen auch stichwortartige Dokumentationen Sinn. Raumskizzen und Verlaufsskizzen helfen bei der Rekonstruktion der Abläufe. Auch fotografieren und filmen sind Methoden der Dokumentation. Für die Eltern müssen Dokumentationen besonders aufgearbeitet werden, weil sie den Prozess ja nicht selbst miterlebt haben. Regelmäßig nutzt die Erzieherin also das bei den Beobachtungen gewonnene Material, um auf dieser Basis Tagesrückblicke, Poster oder Portfolioblätter und Entwicklungsberichte zur Vorbereitung von Elterngesprächen anzufertigen.

**Aktionsform: Fotografieren, filmen und Notizen machen**

## BEOBACHTUNGEN REFLEKTIEREN DURCH GESPRÄCHE IM TEAM UND MIT ELTERN

Der dritte Schritt ist die Auswertung der Beobachtung der Erzieherin im Gespräch mit den Kollegen. In dieser Phase kommt es zu Deutungen und Zuordnung des Gesehenen zu einem typischen Entwicklungsschritt. Die Erzieherinnen wissen nun, wo jedes Kind steht Im Elterngespräch teilt die Erzieherin den Eltern mit, welche Beobachtungen sie gemacht hat, welchen Entwicklungsschritt sie bei dem Kind grade vermutet und welche Angebote die Krippe dem Kind in Zukunft machen wird und welche Materialien dazu bereitgestellt werden. Sie hört sich darüber hinaus an, welche Beobachtungen die Eltern gemacht haben, welche Einschätzung sie zu der Entwicklung des Kindes treffen und welche Fragen bei den Eltern offen sind.

**Aktionsform: Spontane Gespräche, turnusmäßige Entwicklungsgespräche und -konferenzen**

## EINE HERAUSFORDERUNG FÜR DAS KIND ENTWICKELN

Im vierten Schritt gilt es, Ideen für Herausforderungen zu entwickeln. Im Gespräch mit den Kollegen überlegt die Erzieherin, welche nächste Herausforderung dem Kind und seiner Entwicklung entgegenkommt. Welches Angebot kann das Kind interessieren? Welche Materialien fordern seine Sinne, seine motorischen Fähigkeiten, seine Kognition heraus? In dieser Phase planen die Erzieherinnen konkrete Angebote, wählen Material aus oder überdenken bisweilen die Raumeinrichtung. Ebenfalls kann es vorkommen, dass die Erzieherinnen über die stärkere Einbeziehung der Kinder in den Tagesablauf nachdenken. Im Rahmen des Elterngespräches kommen Erzieherin und Eltern überein, wie die Eltern das Kind zu Hause fördern können, welche Materialien sie bereitstellen und welche Angebote sie machen können. Erzieherinnen wie Eltern setzen in der Folgezeit die Planung um. Das kann in vielfältigen Formen und unterschiedlichster Intensität geschehen: Ein besonderes Angebot findet statt, ein neues Material wird zur Verfügung gestellt, einzelne Kinder werden in bestimmten Situationen besonders angesprochen...

**Aktionsform: turnusmäßige Planungssitzungen und Entwicklungsgespräche**

## ENTWICKLUNGSSTAND FESTSTELLEN DURCH BEOBACHTUNG

Die Umsetzung der Planung ist gleichzeitig wieder etwas, was es zu beobachten gilt. Die Erzieher beobachten also das Verhalten der Kinder in der neuen Raumsituation, der Umgang mit den neuen Materialien, um später zu reflektieren, was gut ankam und wie die Planung ergänzt werden könnte. Sie werden beim Beobachten auch erfahren – und anschließend dokumentieren – wie sich das Kind weiterentwickelt hat. Anschließend beginnt der Kreislauf von neuem.

# Leitfaden

*In den folgenden Kapiteln wird es praktisch: Wir stellen Instrumente und Methoden zu allen Stationen der Entwicklungsbegleitung vor. Den Anfang machen Ideen, um sich die Technik der Beobachtung leicht zu machen, gefolgt von Anregungen zum davon kaum zu trennenden Thema der Dokumentation von Beobachtungen. Ebenfalls eng verbunden sind die beiden Praxisthemen Reflexion – einmal in Bezug auf die Erzieher im Team, dann auf die Eltern – und Planung. Zwei wichtigen „Eltern-Themen“ sind die letzten beiden Praxiskapitel gewidmet, nämlich eines über Dokumentation für Eltern und eines über Portfolioarbeit.*

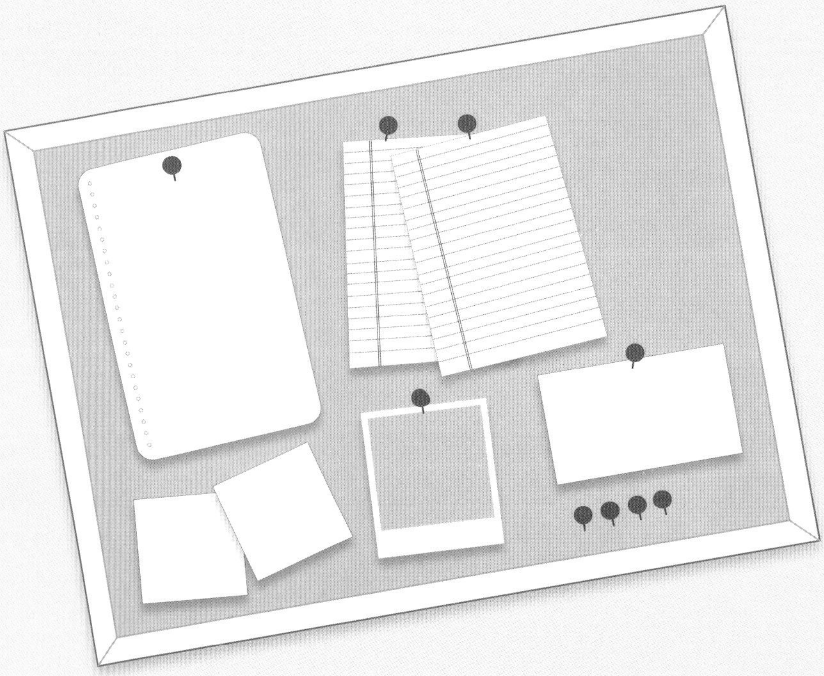

# Zum Aufbau der Praxiskapitel

Lieber Leser, wir wollen Sie davon überzeugen, was unserer Auffassung nach gut funktioniert, Ihnen Tipps geben und mit Beispielen zeigen, wie man die Beobachtung und die individuelle Entwicklungsplanung praktisch umsetzen kann. In den Praxiskapiteln arbeiten wir mit unterschiedlichen Rubriken. Es ist gut, sie vorab kurz vorzustellen:

## Auf einen Blick

Hier fassen wir zusammen, worum es im Kapitel geht und heben die damit im Zusammenhang stehenden wichtigsten Fragestellungen hervor. Etwa, was für uns Portfolioarbeit bedeutet, was wir unter Elternarbeit verstehen oder was man zum Thema Dokumentation wissen sollte.

## Instrumente und Methoden

Instrumente und Methoden sind das Kernstück des Buchs: Wir stellen Ihnen einzelne Instrumente vor, die Ihnen dabei helfen etwas zu beobachten, zu planen oder zu dokumentieren. Das sind bestimmte Formen von Sitzungen, Beobachtungsweisen und fest etablierte Dokumentationsinstrumente, die von Pädagoginnen in der Krippe erfolgreich erprobt wurden. Sie lernen einzelne Methoden kennen, um effektiv und sinnvoll arbeiten zu können. Wichtig: Weil wir davon überzeugt sind, dass nicht nur Kinder auf individuellen Wegen ihr Entwicklungsziel erreichen, sondern auch Erwachsene individuelle Wege zum Ziel brauchen, stellen wir immer unterschiedliche Methoden für das gleiche Ziel vor. Damit Sie aussuchen können, was zu Ihnen und der Situation Ihrer Einrichtung am besten passt.

## Unter uns

Wer etwas Neues wagt, macht Fehler. In der Rubrik „Unter uns“ haben wir häufige Fehler versammelt – Alltagsbeispiele, in denen Methoden auf wohlmeinende, aber letztlich nicht zum Ziel führende Weise umgesetzt wurden. „Das darf man doch nicht tun!“, mahnte uns der Verlag, aber unsere Erfahrung ist es, dass man sich gut weiterentwickeln kann, wenn man offen über kritische Punkte redet. Denn gerade das Lernen aus Fehlern macht Entwicklungsschritte möglich.

## Goldene Regeln

Kindern wie Erwachsenen gibt ein klarer Rahmen Freiraum, eigene Ideen auszuprobieren. Unsere goldenen Regeln sollen einen solchen Rahmen geben: Wir möchten Ihnen damit Mut machen, eigene Ideen zum jeweiligen Thema auszuprobieren.

# Aller Anfang ist Beobachtung!

*Erzieherin Sylvia hält sich heute aus dem Spiel raus. Sie sitzt etwas abseits im Raum und sieht zu, wie die Kinder spielen – alleine, in kleinen Gruppen, um ihre Kollegin Claudi herum. Vor dieser Beobachtungszeit hat Sylvia ein wenig die Portfolios der Kinder ihrer Gruppe betrachtet, um zu schauen, wie sie dort dargestellt werden. Auch die Protokolle der letzten Elterngespräche las sie sich aufmerksam durch. Nun denkt sie beim Beobachten darüber nach, inwieweit das, was im Portfolio dokumentiert ist, jetzt noch zutrifft.*

*Etwas durch die Gegend tragen, sich von der Rampe rollen: Sylvia listet auf, welchen Tätigkeiten die Kinder nachgehen. Sie hat sich dafür eine Tabelle angefertigt, in der sie nun Tätigkeiten auflistet, die Kinder häufig von sich aus wählen, und dazu schreibt, wer diese ausführt. Das Blatt wird sie später so aufbewahren, dass sie auch nach der verabredeten Beobachtungszeit darauf zurückgreifen kann, um neue Beobachtungen nachzutragen, die sie irgendwann im Verlauf des Tages macht – natürlich nur in ein, zwei Stichworten.*

„Man möchte den Kleinen stundenlang bei ihren Beschäftigungen zusehen!", schwärmen oft Erwachsene, die selten mit Kleinkindern zu tun haben. Warum eigentlich? Wohl deswegen, weil sich das Verhalten der Kinder von dem erwachsener Menschen deutlich unterscheidet. Wohl aber auch, weil es so unergründlich ist, worum es den Kleinen mit ihren oft absurd erscheinenden Betätigungen eigentlich geht.

Krippenerzieherinnen sind das Tun der Kleinkinder gewohnt. Und doch ist es außerordentlich aufschlussreich, ihrem Verhalten zuzusehen. Rätselhaft ist dieses nämlich nicht, wenn man es zu lesen weiß: Kleinkinder zeigen mit ihrem Interesse für bestimmte

**Gut zu wissen:**

Es ist wichtig darauf zu achten, dass es bei der Beobachtung um das Festhalten von Gesehenem geht. Es geht nicht darum zu notieren, wie man selber das Gesehene deutet. Eine gute Beobachtung ist wie ein Foto. Sie bildet ab, was in dem Moment zu sehen ist. Interpretationen können dann im nächsten Schritt beim Betrachten des Fotos und der Beobachtungsnotizen angestellt werden.

**Auf einen Blick**

## Beobachtung

Beobachtung kann gezielt – es wird im Hinblick auf ein Thema oder ein Ziel beobachtet – oder ungezielt sein – es handelt sich dann eher um eine zufällige Beobachtung. Es kann eine Gruppe (Gruppenbeobachtung) oder ein einzelnes Kind (Einzelbeobachtung) beobachtet werden.

### Ziel

Bewusst verfolgen, was die Kinder tun, um im Folgeschritt reflektieren zu können, was das über ihren Entwicklungsstand aussagt.

### Aktionsformen

Gezielte Beobachtung durch einzelne Kolleginnen, die währenddessen von Aufgaben in der Gruppe entbunden sind.

Erfassung zufälliger Beobachtungen durch bereitliegendes Schreibmaterial während und nach der Arbeit in der Gruppe.

### Dokumentation

Auf Beobachtungsbögen, Notizzetteln, Tafeln, Foto und Film.

Dinge und Tätigkeiten, aber auch mit ihren Unlustäußerungen ganz genau, was wir ihnen anbieten können und wie wir das tun sollen. Vielleicht zeigen Menschen in Ihrer Entwicklung nie wieder so deutlich, was in ihren Köpfen vorgeht!

Zweierlei braucht die Krippenerzieherin, um diesen wertvollen Schatz für Ihre Planung nutzen zu können: Sie muss Erfahrungen und Wissen haben, welche Entwicklungsschritte sich hinter bestimmten Verhaltensweisen verbergen – etwa, indem sie die „elementaren Spielhandlungen" kennt. Sie braucht aber auch Distanz zum Geschehen und Zeit, um einfach dazusitzen und die Eindrücke auf sich wirken zu lassen. Ein bisschen, wie der Erwachsene aus dem ersten Absatz, der einfach nur zusehen möchte. Aber immer mit dem klarem Ziel im Hinterkopf, die nun gewonnenen Eindrücke später verwerten zu wollen, um daraus das Grundgerüst für die weitere Arbeit zu entwickeln.

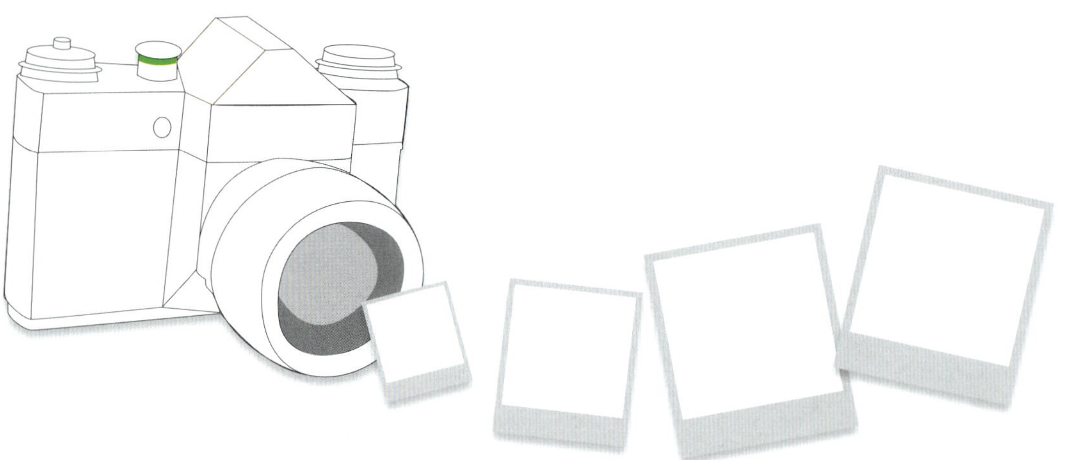

Instrument

# Die Beobachtung

## Gute Frage

Meine Versuche, die Kinder gezielt zu beobachten, scheitern meistens daran, dass ich ständig von Kindern und Kollegen mit der Bitte, mal kurz zu helfen, aus der Situation gerissen werde. Was tun?

## So geht's

Die „klassische" Methode der Beobachtung basiert darauf, dass die Erzieherin sich völlig aus dem Geschehen zurückziehen kann, um einmal ganz unbefangen dem Geschehen, das nicht durch ihr Handeln geprägt ist, zusehen zu können. Dieser Eindruck ist wichtig und hochinteressant, denn während des normalen Alltags erlebt sie das Handeln der Kinder ja immer nur im Zusammenhang mit ihrem eigenen Handeln. Aber in einer Krippe ist es ganz besonders schwer, sich für die Kinder mit all ihren Bedürfnissen klar aus dem Geschehen herauszuziehen.

## Dabei hilft

Der Beobachtungszeitraum steht fest und kehrt regelmäßig wieder. „Gerade sind die Kinder beschäftigt, ich könnte doch jetzt meine Beobachtungen machen?" ist eine schwierige Basis für Beobachtungen. Erstens, weil wir die Kinder ja nicht nur in solchen entspannten Phasen beobachten wollen, sondern gerade in den „heißen" Phasen des Tages. Zweitens, weil dieser Vorsatz, endlich einmal beobachten zu können, meist nicht funktioniert, denn in der Krippengruppe wird man immer gebraucht. Besser funktioniert es, wenn wir im Dienstplan jede Woche einen Beobachtungszeitraum für jede Kollegin festlegen, zu dem diese sich ohne vorheriges Nachfragen aus dem Geschehen ziehen kann. Auch die Kinder gewöhnen sich nach ein paar Wochen daran, dass die Erzieherin „jetzt mal nicht da ist", weil sie „etwas Wichtiges aufschreibt".

Zum Beobachten gibt es ein paar Accessoires und einen festen Platz. Auch das hilft, den Kindern (und wohl auch den Kollegen und Eltern) die Nicht-Ansprechbarkeit der beobachtenden Kollegin klar zu machen: Wenn Lilo ihre Portfolioordner bereitgelegt hat und am Extratisch sitzt, ist sie beschäftigt. Manche Erzieherinnen schwören sogar auf einen Button, den die Beobachtende sich anheftet und damit zeigt, dass sie jetzt nicht verfügbar ist.

Ansonsten gilt: Beobachtung muss im Team zur klaren Übereinkunft werden. Man sollte sich im Team einigen, während dieser Phasen die Beobachterin nicht um Hilfe zu bitten, außer in absoluten Ausnahmefällen.

## Material

Beobachtungsformular oder Blanko-Blatt, Klemmbrett, Stift, Erwachsenen-Stuhl im Randbereich des Raumes, ritualisierte Beobachtungszeit von ein bis zwei Stunden

# Was wir beobachten können

Einfach nur zuschauen, was passiert? Das kann bei neuen Gruppen und für Neulinge im Beruf eine hoch spannende Angelegenheit sein. Für Profis im Job und in der Gruppe bietet es sich an, die Beobachtung unter einen bestimmten Fokus zu stellen: Möchte ich einzelne Kinder näher kennenlernen, möchte ich die Nutzung des Raumes untersuchen, interessiert mich, wie gut wir Pädagoginnen mit der Gruppe harmonieren? Folgende Untersuchungsfragen bieten sich an:

## Fragen in Bezug auf einzelne Kinder

Wie ist die kognitive Entwicklung des Kindes? Wie konzentriert spielt es? Mit welchen Dingen beschäftigt es sich hauptsächlich? Sind Spielschemen zu erkennen? Hat es Vorlieben für bestimmte Materialien? Welche Erkenntnisse hat das Kind gemacht? Was weiß es schon?

Wie kommt die Sprachentwicklung voran? Wiederholt das Kind Laute, spricht es Wörter? Werden Wörter in Bezug auf Dinge oder Handlungen wiederholt?

Wie steht es um die soziale Entwicklung? Spielt es allein? Kann es sich von der Bezugsperson lösen? Wie reagiert es auf andere Kinder, Erwachsene?

## Fragen in Bezug auf die Gruppe

Was interessiert die Mehrzahl der Kinder zurzeit? Womit beschäftigen sie sich?

Welche Untergruppen bilden sich in der Gruppe?

Wie ist die Stimmung in der Gruppe? Häufen sich Konflikte?

Wie reagieren die Kinder auf unsere Materialangebote und Impulse? Was fehlt?

Zu welchen Zeiten und in welchen Raumbereichen herrscht eine harmonische Atmosphäre? Wann und wo wird es unruhig?

## Fragen in Bezug auf Raum und Material

Wie wird der Raum genutzt?

Welche Bewegungen und Handlungen finden im Raum statt?

Welche Materialien nutzen die Kinder häufig? Um welche Materialien gibt es Streit? Welche Materialien werden nicht beachtet?

Methode

# Elementare Experimente beobachten

## Gute Frage:

Im Tun zeigen die Kinder, was sie gerade interessiert und wo sie stehen – wie erfasse ich das?

## So geht´s:

„Was tun die Kinder?" Diese Frage, die eigentlich Oberthema jeder Beobachtung sein sollte, ist angesichts der schnell wechselnden Tätigkeit von Kleinstkindern kaum umfangreich zu beantworten. Außer vielleicht mit: „Heute haben sie wie immer alles gemacht, was sie immer machen." Schon von daher ist es nützlich, das Prinzip der „elementaren Spielhandlungen" zu nutzen, das wir im vorherigen Kapitel vorgestellt haben. Mit dem Musterblatt „Elementare Spielhandlungen beobachten" geht das einfach.

## Material:

Stift, Klemmbrett, Formular

**Folgende Fragen können wir bei einer Beobachtung von elementaren Spielhandlungen untersuchen:**

Welche Spielhandlungen führen derzeit viele Kinder durch?

Welche Spielhandlungen führen derzeit nur einzelne Kinder durch?

Welche Materialien benutzen sie dazu?

Welche Konflikte sind zu beobachten?

**Im zweiten Schritt kann es zu folgenden Interpretationsfragen kommen:**

Sind unsere Abläufe/Regeln geeignet?

Mangelt es an bestimmten Materialien?

Fehlt es an Platz?

Ziel der Beobachtung ist es hier, am Ende zu wissen, welche Anregungen und Materialien wir den Kindern geben können, damit sie ihre derzeit bevorzugten Spiele und Untersuchungen erweitern können.

# ELEMENTARE SPIELHANDLUNGEN BEOBACHTEN

Ausgefüllt von: Gruppe: Tag: Raum: Zeitraum:

| Spielhandlung | Beobachtete Kinder | Intensive Tätigkeiten im Rahmen der Spielhandlungen | Benutzte Materialen (häufig – selten) | Konflikte Störungen |
|---|---|---|---|---|
| | | | | |
| | | | | |
| | | | | |
| | | | | |

Methodenbox in der Krippe I ISBN 978-3-942334-25-9 I © Verlag Bananenblau UG (haftungsbeschränkt) I Arkonastraße 45-49 I 13189 Berlin I www.bananenblau.de

Methode

# Wie gut arbeitet der dritte Erzieher – Raumbeobachtung

## Gute Frage:

Sind unsere Räume eigentlich optimal eingerichtet – oder gibt es veränderungswürdige Bereiche?

## So geht´s:

Um die räumlichen Gegebenheiten zu betrachten, kann es hilfreich sein, anstelle der Frage „Was tun die Kinder?“ besser die Passiv-Form als Beobachtungsfrage zu stellen. Unter der Leitfrage „Was wird hier getan?“ erhalten Erzieherinnen aufschlussreiche Ergebnisse, wenn sie für einen gewissen Zeitraum die Nutzung des Raumes durch die Kinder unter die Lupe nehmen. Ergebnis wird in den meisten Fällen eine Neuordnung des Raumes sein, um erkannte Schwachstellen zu verbessern. Für eine Raumbeobachtung bietet es sich an, einen großformatigen Raumplan zu erstellen oder alle Funktionsbereiche des Raumes auf Blättern zu erfassen, um nun pro Raumbereich über einen längeren Zeitraum das Geschehen zu dokumentieren – siehe auch unser Musterblatt „Raumbeobachtung“.

## Material:

Stift, Raumplan, Klemmbrett

**Folgende Fragen können wir bei einer Raum-Beobachtung untersuchen:**

Wer spielt in welcher Ecke am häufigsten?

Gibt es feste Spielplätze von einzelnen Kindern?

Treten in einzelnen Raumbereichen besonders viele Konflikte auf?

Gibt es Raumbereiche, die gemieden werden?

Zeigen sich bei der Nutzung von Nebenräumen Bedürfnisse der Kinder nach bestimmten Betätigungen, die wir in den Hauptraum integrieren sollten? (Beispiele: Der Flur wird zum Krabbeln genutzt, weil der Gruppenraum zu eng ist. Die Kinder weichen ins Bad aus, weil sie schütten möchten.)

Gibt es in bestimmten Raumbereichen besonders viele „Unglücke“ in Form von Zusammenstößen und kleinen Verletzungen?

**Im zweiten Schritt kann es zu folgenden Interpretationsfragen kommen:**

Können Kinder die Spielecken wechseln oder wird ihnen das innerhalb der Gruppe schwer gemacht?

Rühren Konflikte daher, dass die jeweiligen Raumbereiche zu klein oder zu schlecht ausgestattet sind oder mehrfach angeboten werden müssten?

Werden Raumbereiche gemieden, weil sie zu zentral oder zu abseits liegen?

Interessieren sich die Kinder derzeit überhaupt für die in der Spielecke angebotene Tätigkeit?

Sollte das Sicherheitskonzept aufgrund von Unfallhäufungen in bestimmten Spielsituationen überdacht werden?

# RAUMBEOBACHTUNG

Ausgefüllt von: Gruppe: Tag: Raum: Zeitraum:

| Uhrzeit | Raumbereich | Beobachtete Kinder | Intensive Beschäftigungen der Kinder (gemeinsam / einzeln) | Benutzte Materialen | Konflikte, Störungen |
|---|---|---|---|---|---|
| | | | | | |
| | | | | | |
| | | | | | |
| | | | | | |

Methode

# Tagesabläufe beobachten – läuft er rund oder stockt er

**Darüber sollte nachgedacht werden:**

In welchen Tagesphasen reagieren die Kinder eher ablehnend, wenn sie darauf eingestimmt werden? Liegt das an der jeweiligen Einstimmung auf die Phase, an unabänderlichen Eigenschaften der bevorstehenden Phase oder an einer verbesserungswürdigen Tagesplanung?

Welchen Anteil haben „Ausnahmeregeln" innerhalb bestimmter gemeinschaftlicher Tagesphasen, weil einzelne Kinder aus objektiven Gründen nicht am Geschehen teilhaben? Ergebnis könnte sein, manche dieser Tagesphasen wie Essen, Schlafen, Wickeln anders zu gestalten oder zeitlich zu verlegen: Wenn z.B. ohnehin nur die Hälfte der Kinder wirklich um 11:30 Uhr schläft, ist es sinnvoll, diese Ruhezeit entweder freiwillig zu machen oder zu verschieben.

Welche Phasen sind derzeit von besonderer Hektik und Unruhe geprägt, sollten also genauer untersucht und verändert werden? Im Ergebnis dieser Beobachtung könnten die Pädagogen entscheiden, sich für einzelne Tagesphasen mehr Zeit zu lassen, oder andere vollgestopfte Phasen von unnötigen Aktivitäten zu entlasten (Beispiele: gestraffter Ablauf im Morgenkreis, Verzicht auf eine gemeinsame Wickel-Phase). Die Pädagogen könnten auch entscheiden, die Tagesphasen anders zu gewichten, also mehr Zeit für Phasen zu lassen, bei denen die Kinder „voll dabei" sind.

Welche Tagesphasen leiden unter unklaren Absprachen, ungünstigen personellen wie räumlichen Bedingungen?

## Gute Frage:

Läuft der Tagesablauf bei uns „rund" – oder gibt es Phasen, die wir ändern sollten?

## So geht´s:

Ähnlich wie der Raum stellt auch der Tagesablauf mit seinen Phasen einen Rahmen dar, den wir immer wieder daraufhin überprüfen sollten, ob er mit den Bedürfnissen der Kinder korrespondiert. Schließlich steht hinter jedem festgelegten Tagesablauf eine unausgesprochene Prioritätensetzung bei der Verteilung der zur Verfügung stehenden Zeit.

## Material:

Stift, Klemmbrett, Formular

**Folgende Fragen können wir bei einer Beobachtung des Tagesablaufs erforschen:**

Wie lange dauern bestimmte Tagesphasen tatsächlich?

In welchen Phasen erscheint das Geschehen hektisch?

Zu welchen Tagesphasen sind die Kinder besonders aktiv beteiligt?

Wann kommen die Bedürfnisse der Kinder eher zu kurz?

Auf welche Tagesphasen lassen sich die Kinder bereitwillig oder sogar begeistert ein?

# TAGESABLAUFBEOBACHTUNG

Ausgefüllt von: Gruppe: Tag: Zeitraum:

| Phase | Raum / Ort | Dauer der Phase (geplant / tatsächlich) | Intensive Beschäftigungen der Kinder | Konflikte, Störungen |
|---|---|---|---|---|
| | | | | |
| | | | | |
| | | | | |
| | | | | |

Methodenbox in der Krippe I ISBN 978-3-942334-25-9 I © Verlag Bananenblau UG (haftungsbeschränkt) I Arkonastraße 45-49 I 13189 Berlin I www.bananenblau.de

Methode

# Sich gegenseitig beobachten: Wie bin ich zu den Kindern?

## Gute Frage:

Manchmal habe ich das Gefühl, wir bringen selbst die Unruhe in die Gruppe. Stimmt das?

## So geht´s:

Auch das Agieren der Erzieherinnen hat erheblichen Einfluss darauf, wie sich die Kinder fühlen und was sie tun. Gewiss ist es wohl die schwierigste Übung, sich in einem kleinen Gruppenteam gegenseitig dabei zu beobachten, wie der Andere sich in der Gruppe verhält – aber die Ergebnisse bringen Sie weiter. „Das musst du mir doch sagen, wenn ich manchmal so auf die Kinder wirke!"

**Folgende Fragen können wir bei einer gegenseitigen Beobachtung erforschen:**

Wie reagieren die Kinder auf meine Worte beim Ankündigen neuer Phasen? Wie können sie mit dem Einfordern von Regeln umgehen?

Greife ich zu oft in das Spiel der Kinder ein, sollte ich sie öfter „machen lassen"? Fühlen sich Kinder manchmal von mir nicht wahrgenommen?

Verteile ich meine Aufmerksamkeit auf alle Kinder gleichermaßen – oder übersehe ich einzelne?

## Gegenseitige Beobachtung

**Beobachtende:** K **Beobachtete:** Gitti **Gruppe:** TF **Tag:** 4.1.13 **Zeitraum:** ab 8 15

| Tagesphase | Tätigkeit der Erzieherin | Reaktion der Kinder | Konflikte, Störungen |
|---|---|---|---|
| Morgenkreis | Singen, Fingerspiel | Kinder werden unruhig beim 2. Lied, zappeln | → zu viel geredet? |
| Spielphase | „Löwenspiel", Gitti mittendrin<br>Lea trösten, auf Schoss | Kinder voll begeistert, dass Gitti mitspielt, umringen sie<br>andere Kinder wollen auch auf Gittis Schoss | Lea ist nach kurzer Zeit sauer (Gerangel), setzt sich abseits |
| | | | |

Methodenbox | ISBN 123-1-123-12345-1 | © Verlag Bananenblau UG (haftungsbeschränkt) | Arkonastraße 45-49 | 13189 Berlin | www.bananenblau.de

# GEGENSEITIGE BEOBACHTUNG

BeobachterIn: Beobachtete(r): Gruppe: Tag: Zeitraum:

| Tagesphase | Tätigkeit der Erzieherin | Reaktion der Kinder | Konflikte, Störungen |
|---|---|---|---|
| | | | |
| | | | |
| | | | |
| | | | |

Unter uns

# Lösungen für typische Beobachtungsfehler

## Offen für alles – statt der „Wusst-ich-doch"-Beobachtungsmethode

*„Beobachtung dient dazu, Vermutungen zu überprüfen", denkt Florian, und beschließt in diesem Sinne, Jaspers Konfliktverhalten zu beobachten, das ihm schon lange aufgefallen ist. Vor allem beim Spiel in der kleinen Bauecke gibt es ja oft Ärger. Also beobachtet er den Jungen dort intensiv und hält auf dem Bogen fest, dass Jasper tatsächlich sehr schlecht damit klarkommt, wenn andere sein Bauen stören. Bei der nächsten Teambesprechung stoßen Florians Beobachtungsergebnisse nur auf wenig Resonanz: Dass Jasper beim Bauen ein schwieriges Konfliktverhalten zeigt, wusste man ja. „Mich hätte eher interessiert, warum er in anderen Situationen manchmal viel ruhiger ist!", kritisiert seine Kollegin.*

Je flüchtiger eine Beobachtung durchgeführt wird, umso mehr bestätigt sie das, was wir sowieso denken, und entsprechend ist sie vergeudete Zeit. Florians Ergebnisse werden dann wertvoll, wenn er durch weitere Beobachtungen herausfindet, in welchen Situationen Jaspers Konfliktverhalten stärker oder schwächer ausgeprägt ist, um dann Thesen darüber aufzustellen, wodurch es bedingt sein könnte. Im Anschluss daran sollte Florian über Lösungen nachdenken, wie man dem Jungen helfen kann, besser mit Konflikten umzugehen. Dieses kann er herausfinden, wenn er Jasper einen ganzen Tag aus einem Augenwinkel beobachtet und kurz notiert, was er sieht.

## Aussagefähig – statt der „Irgendwas-muss-ich-den-Eltern-doch-sagen"-Beobachtungsmethode

*Vor den Elterngesprächen hat Sylvie etwas Muffensausen, denn erstens weiß die junge Erzieherin nicht genau, was sie den Eltern sagen soll, zweitens entstand schon manches Mal ein Zwist über ihre Sicht auf das Kind und die Sicht der Eltern. Also beobachtet sie jedes Kind vor dessen Elterngespräch. „Auf diese Weise habe ich zumindest jedes Jahr einmal jedes Kind genau beobachtet", stellt Sylvie fest. Im jährlichen Elterngespräch erfährt Sylvie meistens, dass die Eltern ihre Einschätzung der Kinder zutreffend finden. Und das ist ein gutes Gefühl – für sie wie auch für die Eltern, die ihr Kind von seiner Erzieherin wahrgenommen fühlen. Eine kurze Zeit nach der Beobachtung nützen Sylvie ihre Einschätzungen über die Kinder nichts mehr, denn die Kinder verändern sich schnell.*

Viele Erzieher nehmen das Elterngespräch als Anlass, endlich einmal das Kind in einer Beobachtung unter die Lupe zu nehmen. Das mag beim Erzeugen eines fachlichen Eindrucks nützlich sein – ist aber viel zu wenig. Einmal im Jahr etwas über das Kind sagen zu können, ist kein ausreichendes Ziel für Erzieher. Andersherum fällt es einer Erzieherin, die das ganze Jahr hindurch das Kind beobachtet, sehr leicht, auch ohne Vorbereitung das Kind im Elterngespräch kompetent vorstellen zu können. Beobachtung muss regelmäßig im Alltag einer Krippe angewendet werden, um professionelle pädagogische Arbeit leisten zu können.

## Flexibel – ohne die Kompliziertheitsmethode

*Christel nimmt ihre Arbeit sehr genau. Auf dem von ihr verwendeten Beobachtungsbogen mit allerlei Leitfragen trägt sie in gut formulierten Texten ein, was sie bei ihren Beobachtungen erfahren hat. Bei der jährlichen Qualitätsüberprüfung machen diese Bögen, ordentlich abgeheftet, immer einen mustergültigen Eindruck. Wenn Christel krankheitsbedingt ausfällt oder eine Kollegin fehlt, kommt sie mit dem Beobachten und Dokumentieren des Gesehenen in der von ihr geschätzten Form nicht hinterher.*

Viele Beobachtungsmethoden, die Erzieherinnen heutzutage empfohlen werden, scheinen von der Komplexität und vom zeitlichen Aufwand her eher zur Arbeit der Sozialwissenschaftler, die sie entwickelt haben, zu passen. Um nicht falsch verstanden zu werden: Beobachtung in der Krippe ist unerlässlich – aber sie darf auch nicht so viel Aufwand verursachen, dass sie genau deswegen zur Ausnahmesituation wird! Deshalb: So wenig Beobachtung wie nötig – aber das garantiert! Einfache Beobachtungsmethoden verwenden – und regelmäßig beobachten!

**Goldene Regeln**

## Beobachtung

Mache Beobachtung zum Teil deines pädagogischen Alltags, indem du eine Form findest, mit der du gut arbeiten kannst. Ob dir Beobachtungen auf vorgegebenen Formularen oder eher in Stichpunktform mehr bringen, solltest du selbst entscheiden.

Verständige dich mit deinen Kollegen, dass ihr euch während einer gezielten Beobachtung – wie in anderen Vorbereitungszeiten – nicht um Hilfe bittet.

Bedenke: Beobachtungen sind nicht das Ziel, sondern ein Mittel, um davon ausgehend Schlüsse zu ziehen.

Beobachte so lange und so genau wie möglich, dokumentiere so sachlich wie es geht.

Reflektiere das Gesehene gemeinsam mit deinen Kolleginnen oder den Eltern des beobachteten Kindes. Das hilft dir eine Idee dafür zu entwickeln, welche Ursachen das beobachtete Verhalten hat und wie man es eventuell verändern könnte.

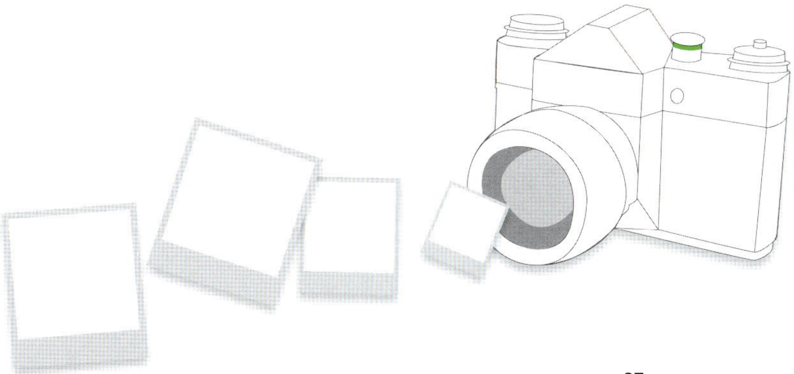

# Das Wesentliche festhalten: Beobachtungen aufzeichnen

*Der Fotoapparat liegt nicht nur während der Beobachtungszeit parat, sondern den ganzen Tag an einem für Kinder unerreichbaren, für Erzieher leicht zugänglichen Ort. „Das muss ich jetzt unbedingt festhalten!", sagt Claudia gerade und hält in mehreren Bildern fest, wie die kleine Lena Oskar beim Anziehen hilft. Die Bilderserie möchte sie den Eltern zeigen, die davon ausgehen, dass sich Lena noch gar nicht selbst anziehen kann.*

*„Kommt, wir filmen das mal!", sagt Sylvie später im Garten zu den Kindern, als diese aufgeregt zwischen den Blättern nach Käfern und Insekten suchen. Sie filmt, wie John einen Regenwurm in der Hand hält und Mia auf eine Spinne zeigt, um später gemeinsam mit den Kindern darauf zurückzukommen. Und sie filmt, wie eine dicke Katze – von den Kindern unbemerkt – durch den Garten huscht.*

Beobachtungen macht man im Kopf. Um sie weiter zu verwerten, müssen sie festgehalten werden – indem man sie aufzeichnet. Ein banaler und kurzer Schritt, möchte man meinen. Trotzdem ist es gut, ihn sich genauer anzusehen. Was tun wir da, wenn wir Beobachtungen festhalten, und für wen tun wir das eigentlich? Die Crux ist nämlich bei jeder Form von Dokumentation: In dem Moment, in dem ich etwas aufschreibe oder von einer Szene ein Foto mache, wird aus der bisherigen Vielfalt meiner Wahrnehmungen nur ein bestimmter Aspekt herausgelöst.

Denken wir nur an zwei Beispiele aus dem privaten Alltag: Mit Urlaubsfotos halten wir unsere Reisen fest, um Andere daran teilhaben zu lassen und uns erinnern zu können. Aber indem wir uns entscheiden, den kurzen Moment des Sonnenuntergangs auf vielen Fotos festzuhalten, nicht aber die langweilige Hotelauffahrt oder gar die ätzende Anreise, treffen wir eine Auswahl, die das Bild bei unseren Foto-Betrachtern verändern wird und schließlich auch unsere Erinnerung beeinflusst. Ganz anders wirkt eine ebenfalls beliebte Form der Aufzeichnung: Wer in seiner Jugendzeit ein Tagebuch geführt hat, wird möglicherweise viele Jahre später erschreckt sein, welch ein jammervolles Leben er damals hatte, voller Probleme und Selbstzweifel. Realistisch – oder hatte man die heiteren Momente einfach nicht so intensiv festgehalten?

Unser Ziel, wenn wir unsere Beobachtungen in der Krippe per Stift oder Kamera festhalten, ist ein ganz einfaches: Weder wollen wir eine Art „Urlaubsbilder" von den kurzen Höhepunkten des Alltags festhalten, noch sollen quälende Beschäftigungen mit den Defiziten den Blick auf Erfolge trüben. Größtmögliche Sachlichkeit ist das Ziel, wenn wir festhalten, was wir gesehen haben. Sachlichkeit (oder auf lateinisch: Objektivität) bedeutet, das Gesehene noch nicht zu reflektieren und zu interpretieren, sondern genau das festzuhalten, was wir erlebten. Und Sachlichkeit meint auch, keine vorgefassten Meinungen in Bildern und Texten festzuhalten. Es mag

Auf einen Blick

# Aufzeichnen von Beobachtung

**Ziel:**

Festhalten, was man gesehen hat.

**Fragen die helfen:**

Was tut das Kind? – Beschreibung der Handlung

Was muss es dazu verstanden haben? – Beschreibung der sichtbar werdenden Stufe des Konzeptverständnisses

Wie begleitet es sein Tun verbal? – Beschreibung der sichtbar werdenden Stufe der Sprachentwicklung

Wie integriert es sich mit seinem Tun in die Gruppe, bezieht es andere ein? – Beschreibung der sichtbar werdenden Stufe der sozialen Entwicklung

Welche Herausforderung hat das Kind gemeistert? – Beschreibung der sichtbar werdenden Stufe der Problemlösungskompetenz

Spaß machen, von sich genauso ein Bild mit Eiffelturm oder Freiheitsstatue im Hintergrund knipsen zu lassen, wie man es schon tausendmal gesehen hat. Aber in der pädagogischen Arbeit haben gestellte Fotos, auf denen das Kind für zukünftige Betrachter etwas vormacht, keinen Wert.

Objektiv und der Sache anstatt dem zukünftigen Betrachter zuliebe: Weil die Dokumentation von Beobachtungen beides erfüllen muss, haben wir sie in diesem Buch als eigenes Kapitel beschrieben. Erst im Folgekapitel erläutern wir den nächsten Schritt, in dem die dokumentierten Beobachtungen durch Reflexion interpretiert und damit subjektiv werden. Und das Thema der Erstellung von Dokumentationen für die Eltern wird in einem viel späteren Kapitel beschrieben. Trotz des gleichen Wortes geht es hier nämlich um etwas anderes: Für die Eltern müssen wir sehr wohl das tun, was auch bei der Vorbereitung der Bildershow nach unserem Urlaub angebracht ist: Darüber nachdenken, welche Bilder den Betrachtern von außen einen Eindruck davon verschaffen, was uns bei der Sache wichtig war.

**Das sollte man vermeiden:**

- vorgefasste Meinungen durch die Beobachtung bestätigen
- gestellte Fotos machen und zur Auswertung von Beobachtung verwenden
- Interpretationen als Beobachtungen festhalten

**Das sollte man tun:**

- Abläufe möglichst genau festhalten, am besten mit Film oder Fotoserien
- Genau beschreiben, was gerade geschieht
- Sichtbare Ergebnisse des Tuns der Kinder im Foto festhalten

# Ein Klemmbrett für Alle



## Gute Frage:

Die richtig spannenden Beobachtungen mache ich eher nebenbei. Wie kann ich sie für meine Arbeit nutzbar machen?

## So geht´s:

Als Erzieher muss man Sammler sein, heißt es manchmal. Man braucht unbedingt seine Kiste für Dinge, die man nicht wegwirft, weil man sie irgendwann bestimmt für die Arbeit brauchen kann. Dieser Grundsatz passt auch für Beobachtungen: Es gibt viele Eindrücke aus dem Miteinander der Kinder, schlaue Worte der Kinder oder andere Gedanken, bei denen die Erzieherin gut daran tut, sie festzuhalten ohne schon einen Plan zu deren Verwendung zu haben. Wichtiger als das Super-Formular zum Festhalten von gezielt ermittelten Beobachtungsergebnissen ist ein ständig bereitliegendes und mit einem Papierbogen versehenes Klemmbrett im Gruppenraum. Auf diesem können sie schnell Beobachtungen aller Art notieren, ohne lange nach Blatt und Stift zu suchen. Bitte vergessen Sie beim Notizenmachen nicht, den Namen des Kindes, Datum und Uhrzeit und ihr eigenes Kürzel neben Ihre Notiz zu schreiben.

## Material:

Klemmbrett, Block und Stift

Methode

# Ein Klemmbrett für jedes Kind

## Gute Frage:

Zu jedem Kind entdecke ich beim Beobachten interessante Dinge. Aber wie notiere ich das, ohne nachher meine Bögen auf Extraseiten übertragen zu müssen?

## So geht's:

Es braucht mehr Platz, um für jedes Kind ein Klemmbrett vorzubereiten, auf dem ein Beobachtungsbogen befestigt ist. Aber diese Methode bietet den Vorzug, dass Sie Ihre Aufzeichnungen auf dem Beobachtungsbogen nicht noch einmal nach dem jeweils beobachteten Kind sortieren müssen. Das Klemmbrett mit einem vorbereiteten Tabellenblatt ist nämlich gleichzeitig auch Arbeitsinstrument für Gespräche im Team, Entwicklungskonferenz oder Portfolioarbeit.

Dieses Klemmbrett liegt immer griffbereit – mit Stift! – auf einem für die Kinder nicht erreichbaren Regal. Machen Sie nun eine Beobachtung, können Sie diese sofort in dem Tabellenblatt festhalten. Während der Beobachtung füllen Sie nur die Spalten „Datum / Uhrzeit" sowie „Das habe ich gesehen" aus. In Ihrer Vorbereitungszeit reflektieren Sie das Gesehene und ziehen Schlüsse, indem Sie nun Ihre eigenen Gedanken unter „Das denke ich darüber" zusammenfassen. Unter „Ideen für eine nächste Herausforderung" vermerken Sie, was Sie den Kolleginnen in der Planungssitzung vorschlagen möchten. Der Bogen kann über einen Monat lang täglich mit Notizen gefüllt werden.

## Material:

Klemmbrett, Block/Formular und Stift

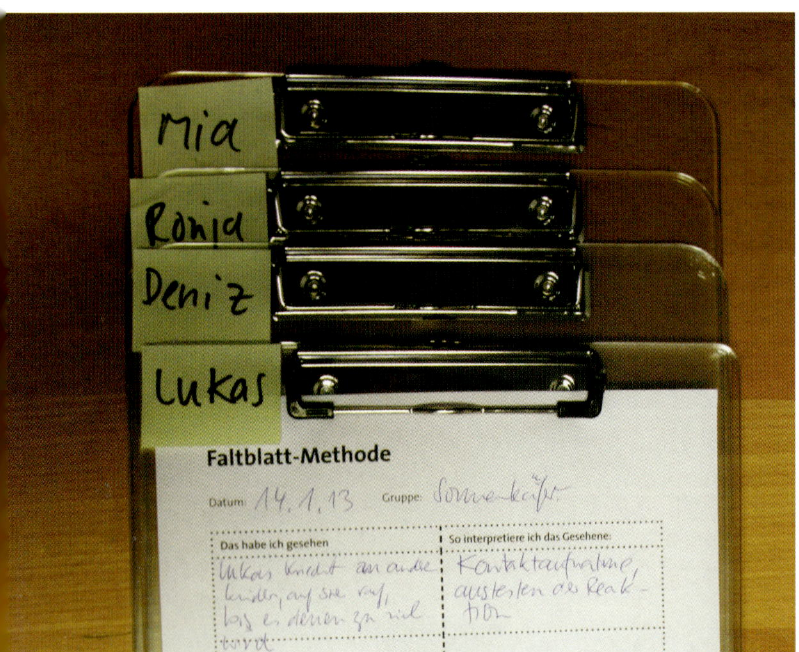

# INDIVIDUELLE HERAUSFORDERUNGEN

Name Kind: Name Erzieherin:

| Datum / Uhrzeit | Das habe ich gesehen | Das denke ich darüber | Ideen für eine nächste Herausforderung |
|---|---|---|---|
| | | | |
| | | | |
| | | | |
| | | | |

Methode

# Faltblatt-Methode

### Gute Frage:

Dinge beobachten und darüber nachdenken sind zwei verschiedene paar Schuhe. Wie kann ich beide Aspekte voneinander gut trennen?

### So geht´s:

Um schon während des Beobachtens nicht zu interpretieren, was man gesehen hat, aber trotzdem später darauf zurückkommen zu können, hat sich in schwedischen Kindergärten die äußerst praktische „Spalta-Methode" entwickelt. Hierfür wird ein Blatt Papier in der Mitte gefaltet, wodurch zwei Spalten entstehen. Man kann den gleichen Effekt erreichen, indem man in der Mitte des Blattes eine Linie zieht. Eine Spalte erhält die Überschrift „Das habe ich gesehen" die andere „So interpretiere ich das Gesehene". Beide Spalten dienen nun zum schnellen Notieren, der gemachten Beobachtung. Während man den Kindern zuschaut, ist es gar nicht leicht, das Gesehene von den eigenen Deutungen zu trennen. Bei dieser Methode kann es im Kopf ruhig durcheinander gehen. Man schreibt einfach in die eine Spalte, was man sieht und in die andere was es bedeuten könnte. Einfach und gut!

### Material:

Klemmbrett, Faltblatt und Stift

**Sehen vom Deuten trennen!**

Wir sehen, dass ein Kind sich die Augen reibt. Wir deuten dies, indem wir annehmen, dass das Kind müde ist.

Faltblatt-Methode

Datum: 17.1.13 Gruppe: Raum: RAUM

| Das habe ich gesehen | So interpretiere ich das Gesehene: |
|---|---|
| KARO SPIELT MIT KLEINEN KLEBEZETTELN, IMITIERT SCHREIBEN | AHMT ERWACHSENE NACH, LIEBT SORGFALT ERFORDERNDE EINZELTÄTIGKEITEN |
| ANGELA RÄUMT SCHRANK IM 'BÜRO' EIN UND AUS, SUCHT IHREN KOFFER | 'ENTDECKERFREUDE' BEIM WIEDERFINDEN VERMISSTER GEGENSTÄNDE → KÖNNTE MAN ALS SPIEL ANBIETEN! |
| ANGELA TRÄGT KOFFER ÜBER FLUR | HAT SPAß, IHRE GANZE KRAFT EINZUSETZEN. SETZT SICH VIELLEICHT GERADE MIT DEM THEMA 'VERREISEN' AUSEINANDER. |

# FALTBLATT-METHODE

Datum: Gruppe: Raum:

| Das habe ich gesehen: | So interpretiere ich das Gesehene: |
|---|---|
| | |
| | |
| | |
| | |
| | |
| | |

Methode

# Die Klebezettelmethode

## Gute Frage:

Wir arbeiten zu dritt in der Gruppe. Mich interessieren auch die Beobachtungen der Kollegen. Wie sorgen wir für schnellen Austausch?

## So geht´s:

Jede Erzieherin hat einen kleinen Klebezettel-Block und einen Stift in der Tasche. Jede Bezugserzieherin hat zudem einen Platz im Raum, um ihre Notizen anzukleben – zum Beispiel eine kleine Tafel oder Pinnwand. Fällt der Erzieherin etwas auf, notiert sie es auf einem Klebezettel. Wichtig ist dabei, dass sie Datum, Uhrzeit, Name des Kindes und ihr persönliches Kürzel auf dem Zettelchen vermerkt.

Die öffentliche Ausstellung der Beobachtungsergebnisse an der Pinnwand sorgt dafür, dass einmal gemachte Beobachtungen für alle Kollegen sichtbar werden – und es für eine Weile auch bleiben. Besuchern zeigen die Pinnwände, dass jede Person im Raum aktiv mit den Kindern arbeitet. Das hilft auch der Leitung dabei, die Arbeit der Kolleginnen zu beurteilen und bei Fehlern rechtzeitig einzugreifen.

Ein- oder zweimal im Monat in der Vorbereitungszeit nimmt die Erzieherin die kleinen Notizzettel von der Wand und überträgt diese zusammen mit den dazugehörigen Fotos auf eine Portfolioseite. Sie dokumentiert damit, was das Kind schon kann und welche Entwicklungsschritte es gemacht hat.
Ihre Schlussfolgerungen für die weitere Planung sollte sie anschließend auf einem Extra-Blatt notieren.

## Material:

Klebezettel, Stift, eine Tafel für jede Bezugserzieherin zum Ankleben der Notizen

# Die Whiteboard-Methode

### Gute Frage:

Wir arbeiten zu dritt in der Gruppe. Mich interessieren auch die Beobachtungen der Kollegen. Wie sorgen wir für schnellen Austausch?

### So geht´s:

Eine Variante besteht darin, für jede Bezugserzieherin einen Platz auf einem Whiteboard bereitzustellen. Dann muss sie nur einen Whiteboardmarker in der Tasche haben, um die Beobachtungen, die sie macht, sofort kindbezogen zu notieren. Es ist selbstverständlich, dass die Beobachtungen gleichzeitig auch mit dem Fotoapparat festgehalten werden.

Es kann eine gute Idee sein, auf dem Whiteboard auch Schlussfolgerungen und Ideen für die weitere Planung festzuhalten. In der Vorbereitungszeit überträgt die Erzieherin die Whiteboardnotizen in das Portfolio der Kinder und trägt ihre Schlussfolgerungen und Ideen auf einem Blatt zusammen, welches sie für die weitere Planung benutzt.

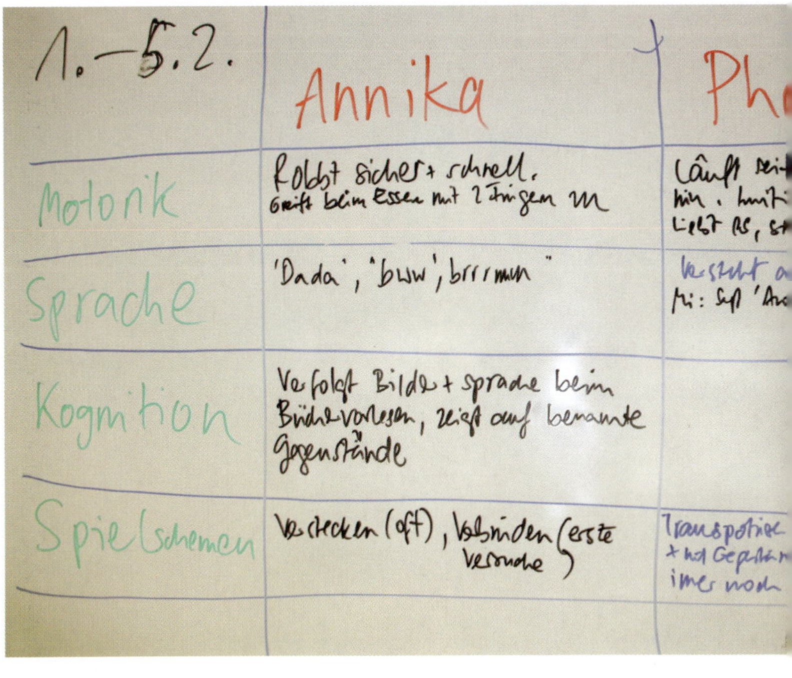


### Material:

Auf einem Whiteboard markiertes Feld für jede Erzieherin und Whiteboard-Marker

Methode

# Die Feierabend-Notizen

## Gute Frage:

Oft begreife ich erst nachdem ich die Gruppe verlassen habe, was heute alles wieder passiert ist. Lohnt es sich, auch diese Gedanken zu notieren?

## So geht´s:

Das Notieren von Beobachtungen dient dazu, sie dem Vergessen zu entreißen. Viele Eindrücke aus dem Alltagstrubel wirken im Kopf von Erzieherinnen noch eine Weile nach, bis sie dann zum Dienstschluss vom Gehirn quasi zum Vergessen freigegeben werden, um Platz zu machen für den anstehenden Feierabend. Gute Erfahrungen haben Pädagogen mit den „Feierabend-Notizen" gemacht: In ein Heft, gut mitzuführen in der Handtasche, tragen sie nach dem Ende des Dienstes noch die wichtigsten Gedanken und Beobachtungen zum abgeschlossenen Tag ein – entweder noch in der Krippe oder auf dem Heimweg. Wie häufig beim Thema Beobachtungen dienen die Notizen nicht unbedingt dazu, sie am nächsten Tag noch einmal durchzulesen, sondern auch dazu, wichtige Gedanken vor dem Vergessen zu bewahren. In einem solchen Feierabend-Notizbuch landen neben Beobachtungen des vergangenen Tages auch Beobachtungsfragen für den nächsten Tag („Überprüfen: Lea sah heute so gestresst aus"), Planungsideen oder andere Themen, die den Tag über in Vergessenheit gerieten.

## Material:

Kleines Heft im Handtaschenformat, Stift, ritualisierte Nachdenkzeit von einigen Minuten, ruhiger Raum

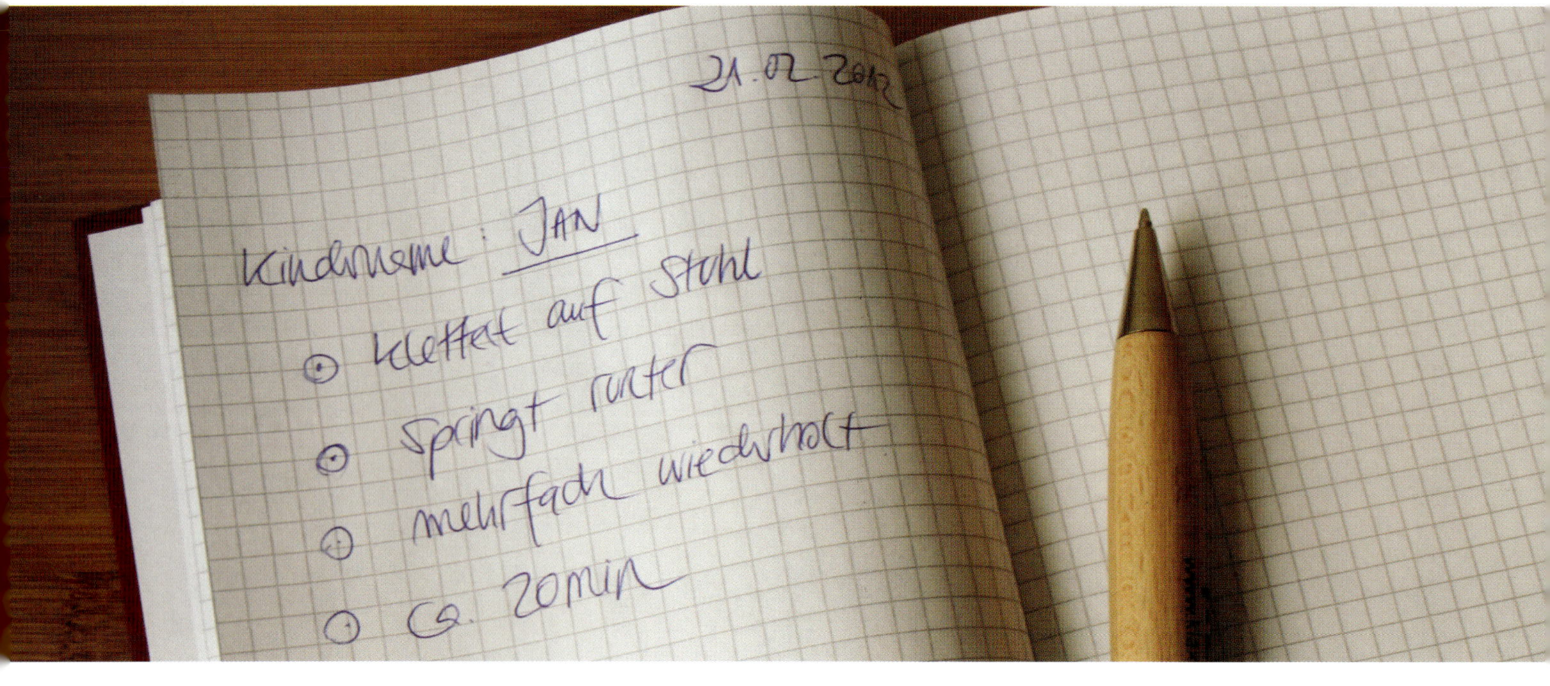

# Lösungen für typische Beobachtungs-Fehler

## Mut zur Unklarheit – statt der Reinschrift-Methode

*In Gerdas Team wird sehr auf Ordnung geachtet, vor allem bei den Kinderunterlagen, die mit ins Portfolio geheftet werden. „Das ist ja auch ein Beweis für die Eltern, dass wir ordentlich Beobachten!", sagt Gerdas Leiterin immer. Gerda hat sich angewöhnt, ihre Beobachtungen immer sorgfältig abzuschreiben, um nicht ihre Kritzeleien ins Portfolio zu heften. Wenn sie schon einmal dabei ist, strafft sie auch den Text etwas: Vieles von dem, was sie notiert hat, war ja nicht so interessant. Und wäre es nicht besser, die Beobachtung hätte unter einer klaren Fragestellung stattgefunden? „Kann Josef gut mit anderen Kindern kooperieren?", überschreibt sie also ihr Blatt – und das sagt: Ja, er kann es.*

Dokumentation dient dazu, Beobachtungen verwerten zu können – und nichts weiter. Weil fleißig erstellte Beobachtungsaufzeichnungen aber auch ein positives Bild von der Arbeitsweise einer Erzieherin geben, ist das Aufpeppen solcher Blätter mancherorts zur Mode geworden. Dreifach problematisch: Erstens ist es Zeitverschwendung. Zweitens unterliegt man allzu leicht der Versuchung, auch den Inhalt zu „optimieren". Drittens ist der Eindruck, den die Erzieherin damit bei Betrachtern ihrer Bezugsgruppen-Ordner oder Portfolios erzeugt, oberflächlich positiv – für die eigentliche Arbeit mit der Kindergruppe aber nutzlos. Besser ist es, dazu zu stehen, dass beim Dokumentieren Stichwörter auf hastig gefüllten Blättern landen.

**Goldene Regeln**

## Aufzeichnung der Beobachtung

Beschreibe klar, was du gesehen, erlebt, mitverfolgt hast. Halte Interpretationen, wenn möglich, immer deutlich getrennt von der Beobachtung fest, um einen Hinweis zu haben, worüber du später sprechen solltest.

Halte dich kurz. Nutze Stichworte, weil sie dich in ihrer Kürze an vieles erinnern. Vermeide ausführliche Beschreibungen, denn sie kosten Zeit und verringern Raum für Erinnerungen an das, was du wahrgenommen und nicht in den Satz gepackt hast.

Zeichne genau auf, was du während der Beobachtung gesehen hast. Raumskizzen, Foto und Film helfen dir dabei.

Vergiss nicht den Namen des Kindes, Datum und Uhrzeit und dein Kürzel neben der Aufzeichnung zu vermerken.

Reflektieren mit Eltern

Reflektieren im Team

Reflektieren mit Kindern

# Reflektieren der Beobachtungen im Team und mit Eltern

*„Guck, da hast du den Wurm angefasst!", sagt Sylvie beim gemeinsamen Anschauen des Films, den sie über ihre Beobachtung der Kinder im Garten gemacht hat. Das rege Interesse der Kinder für Würmer und Insekten spricht für ein Käfer-Projekt, dachte sich Sylvie und wollte dies durch das gemeinsame Ansehen des Beobachtungsfilms mit den Kindern bestätigt wissen. Die Kinder sehen sich selbst fasziniert beim Tun im Garten zu – bis plötzlich die schwarze Katze durch das Bild huscht. „Swaze Katze!" raunen die Kleinen und beginnen, deren flinken Lauf nachzuahmen. „Will die den Wurm essen?", fragt Luzia. Sylvie merkt sofort, dass dieser geheimnisvolle Gast im Garten die Kinder weitaus mehr interessiert.*

Aufgezeichnet in Text, Bild oder Film sind die Beobachtungen – und nun geht es darum, das Gesehene zu deuten. Warum tun die Kinder das? Warum kam es an diesem Tag zu so einer Situation? Welches kindliche Interesse und welcher Entwicklungsstand lassen sich in den Aufzeichnungen erkennen? Diese Phase der kindzentrierten Planung nennt man Reflexion. Wieder haben wir es mit solch einem Wort zu tun, dass man häufig verwendet und dennoch nicht genau weiß, wie es genau gemeint ist. „Reflektiert" zu sein, ist ja eine löbliche Charaktereigenschaft, und das könnte zu der Ansicht verleiten, ein reflektierter Mensch würde automatisch Beobachtungen auf die rechte Weise interpretieren. Für Pädagogen passt besser, dass „Reflexion" mit „Spiegelung" übersetzt wird, und dazu braucht man immer einen Spiegel in Form von anderen Beteiligten im Erziehungsprozess, die ihre Sicht der Dinge unserer Wahrnehmung entgegen halten. Erzieherinnen reflektieren ihre Arbeit in verschiedenen Kontexten: Sie reflektieren sich gegenseitig im Team, beurteilen ihr eigenes Handeln und tauschen sich im Gespräch mit den Eltern über die Entwicklungsschritte des Kindes und über die geleistete pädagogische Arbeit aus.

**Die Filmkamera – ein unbestechlicher Beobachter**

Am besten lässt es sich über Situationen reflektieren, die von vielen gleichzeitig beobachtet wurden. Da nicht alle Erzieherinnen eines Teams bei jeder Situation im Tagesablauf dabei sein können – denn jede arbeitet ja in ihrer Gruppe – ist es wichtig die Beobachtung mittels Filmkamera aufzuzeichnen. Viele Digitalkameras verfügen heute über eine Filmfunktion. Für eine Selbstreflexion ist es gut, die Kamera auf einem Stativ im Raum zu platzieren und einfach laufen zu lassen. Bitte informieren Sie sich über die rechtlichen Vorschriften, bevor Sie mit dem filmischen Aufzeichnen von Tagessituationen beginnen. Hier gibt es eine Menge zu beachten. Datenschutz und der Schutz von Persönlichkeitsrechten sind komplexe Themen, die unbedingt berücksichtigt werden müssen. Lassen Sie sich dazu beraten. Sicher verfügt Ihr Träger über das notwendige Wissen, um Ihnen in dieser Angelegenheit zur Seite zu stehen.

## Die Teamreflektion

*„Mir ist aufgefallen, wie sehr die Kinder sich derzeit mit dem An- und Ausziehen beschäftigen: bei den Puppen, bei sich selbst, und wie dieses Filmchen zeigt, auch miteinander“, berichtet Sylvie in der Team-Runde mit Claudi und Christian. „Ich vermute zwei Gründe dafür“, entgegnet Christian, „einmal macht es den Kindern tatsächlich Spaß, das An- und Ausziehen selbstständig zu erlernen. Dass die Kinder sich aber manchmal bis aufs Hemd ausziehen, hat vielleicht auch damit zu tun, dass sie jetzt im Herbst darunter leiden, immer so dick eingepackt zu sein – ich glaube, sie brauchen es einfach auch, leicht bekleidet herumzulaufen!“*

Die gemeinsame Reflektion von Beobachtungen im Team ist in Krippen ein unabdingbarer Bestandteil der kindzentrierten Planung. Vier Augen sehen mehr als zwei – heißt es im Volksmund. Jede der Kolleginnen verfügt über Fachwissen, in vielen Teams gibt es Erzieherinnen mit besonderen Qualifikationen. Verschiedene Sichtweisen zusammentragen, aus vielen Ideen eine gute Lösung für eine Herausforderung zu kreieren, das ist die Chance, die in der Teamreflexion steckt. Damit sich wirklich jede Kollegin im Team ein Bild von der zu besprechenden Situation machen kann, ist es wichtig Beobachtungen zu visualisieren. Hier eignen sich gefilmte Szenen aus dem Krippenalltag besonders gut. Deshalb empfehlen wir Krippenteams: Schafft euch unbedingt mehrere Digitalkameras mit Filmfunktion an und nutzt diese so oft es nur geht, um die Kinder oder euch selbst im Alltag zu beobachten.

## Die Selbstreflektion

*Sagt mal, wie wirke ich eigentlich, wenn ich mit den Kindern zusammen bin? Schöpfe ich alle Möglichkeiten aus, um die Kinder gut zu fördern? Spreche ich die Kinder auf die richtige Art und Weise an? Habt ihr den Eindruck, dass meine Erklärungen gegenüber der Praktikantin verständlich waren?*

Wer würde nicht gern hören, dass er gut arbeitet und immer sein bestes gibt. Fragt man die Freundin oder die engste Kollegin wird sie dies auch immer bestätigen. Doch stimmt das? Sind wir wirklich immer gut? Erledigen wir unsere Arbeit immer so, wie die Kinder sie brauchen, und tun wir nicht doch vieles, weil wir es schon immer so getan haben? Viele Erzieherinnen stellen sich diese Fragen erst, wenn sie vor einem unlösbaren Problem stehen, oder das gewohnte Verhalten in einem Konflikt nicht mehr zu nützlichen Ergebnissen führt. Dann kann es allerdings zu spät sein. Deshalb raten wir, die Beobachtung nicht nur auf das Verhalten der Kinder zu fokussieren, sondern stets das Verhalten der Erzieherin in die Reflektion einzubeziehen. Damit dies gelingen kann, muss die Aufzeichnung der beobachteten Situation die Pädagogen mit einschließen. Dies lässt sich am besten realisieren, wenn Beobachtungen filmisch aufgezeichnet werden.

## Reflektieren mit Eltern

*„Ich hätte nicht gedacht, dass Lena so geschickt sein kann“, sagen ihre Eltern beim Gespräch. „Zuhause macht sie gerade beim Anziehen fast nichts von selbst, uns macht die Trödelei gerade morgens rasend, und dann gibt es fast immer Streit!“. Sylvie erzählt: „Wir haben gute Erfahrungen gemacht, seitdem wir die Anziehzeit deutlich verlängert haben. Klar, das dauert – aber die Kinder lernen ja etwas dabei, und es fasziniert sie mehr als jeder Kurs, diese alltägliche Sache von Tag zu Tag besser zu meistern!“ „So haben wir das noch gar nicht gesehen!“, sagt Lenas Mutter.*

Ganz anders verhält es sich, wenn wir unsere Beobachtungen mit denen der Eltern abgleichen, denn sie nehmen ihr Kind auf einer ganz anderen Ebene wahr. Sie kennen ihr Kind wohl besser – auf jeden Fall länger – als wir. Bei dem, was wir in der Gruppe beobachten, sind sie hingegen nicht dabei. Ihre Bindung zum Kind dürfte intensiver sein, wodurch sie aber quasi auch befangener sind. Der gegenseitige Austausch ermög-

licht beiden Seiten, das Verhalten des Kindes noch besser zu verstehen, da man die jeweils andere Erfahrungswelt des Kindes in seine Betrachtungen einbeziehen kann.
Ziel des Reflektierens ist es, den weiteren Weg für der Begleitung des Kindes zu finden. Unsere Gespräche, ob nun im Team oder mit den Eltern, sollten ein konkretes Ergebnis haben. „Wir wollen Jakob in Zukunft stärker in dieser Hinsicht fördern...", könnte ein solches Resümee lauten, oder auch: „Alma braucht jetzt vor allem...". Gerade Eltern tut es gut, etwas Konkretes für ihr Kind tun zu können. Was wir als Pädagoginnen dafür tun werden, wird während der nächsten Planungssitzung besprochen. Grundlage dafür ist wieder, alle Verabredungen in kurzer und verwendbarer Form festzuhalten. Aber vor einem Elterngespräch sollten Sie sich gut vorbereiten und im Team absprechen. Auf diese Weise haben Sie für sich selber eine klare Meinung über die Beobachtung gefasst und können die Eltern wirklich gut beraten.

**Auf einen Blick**

## Reflexionsphasen

**Ziel:**

Beobachtungen auswerten, um eine Grundlage für die Planung zu haben

**Teilschritte:**

Eine Auswahl von Ober-Themen treffen

Mögliche Hintergründe des beobachteten Tuns ableiten

Eigene Sicht mit Kolleginnen abgleichen

Eigene Sicht mit Eltern abgleichen

**Fragen:**

Welche Beobachtungen betreffen das Tun vieler Kinder? Welche betreffen das Tun einiger Kinder, die besondere Förderung und Unterstützung brauchen?

Welche Beobachtungen können wir derzeit vernachlässigen?

Worum geht es den Kindern mit ihrem Tun?

### Mit Kindern reflektieren

Nach kurzen Beobachtungssequenzen, beim Erstellen der Tagesdokumentation oder einfach nur beim Blättern im Portfolio: Kinder lieben es, sich über Erlebtes auszutauschen. Deshalb ist es wichtig Beobachtungen und Dokumentationen gemeinsam mit den Kindern zu reflektieren und auch ihre Meinung dazu zu hören. Die in diesem Buch vorgestellten Dokumentationsmöglichkeiten sind, selbst wenn sie sich vordergründig an die Eltern richten, somit auch eine große Bereicherung für die Kinder.

Instrument

# Entwicklungskonferenz

## Gute Frage:

Wie erreichen wir es, über jedes Kind in regelmäßigem Abstand zu sprechen und wichtige Informationen dazu auszutauschen?

## So geht's:

Neben Reflexionsrunden, die sich eher zufällig in freien Zeiten innerhalb ihres Gruppenteams ergeben, sollten Krippen immer auch festgelegte Konferenzen durchführen, auf denen in regelmäßigem Turnus über jedes Kind gesprochen wird. Schließlich wollen Sie sicherstellen, dass die Situation jedes Kindes regelmäßig genauer betrachtet wird! Weil dabei alles verfügbare Wissen über das Kind zusammengetragen wird, ist es sinnvoll, im Anschluss an diesen Termin ein Entwicklungsgespräch mit den Eltern einzuberufen. Auf diese Weise erhalten Sie zu ihren Beobachtungen gleich ein Feedback durch die Eltern.

Folgendermaßen könnte eine pädagogische Entwicklungskonferenz stattfinden:
Jeden Monat treffen alle Erzieherinnen des Hauses zur Entwicklungskonferenz zusammen. Aus jeder Gruppe werden mehrere Kinder detailliert vorgestellt – und zwar so viele, dass nach einem halben Jahr alle Kinder der Einrichtung einmal besprochen wurde. Für eine solche Vorstellung bringt die jeweilige Gruppenerzieherin folgendes mit: Das aktualisierte Portfolio des Kindes, aktuelle Beobachtungen des Kindes, einen ausgefüllten Entwicklungsbogen oder Stufenlisten, auf denen der Entwicklungsstand des Kindes eingeschätzt wurde. Die Erzieherin trägt zudem vor, welchen aktuellen Eindruck sie von dem Kind hat, um nun die Einschätzungen ihrer Kolleginnen zu hören und damit abzugleichen.

Ein Protokollblatt dient dazu, eine Kurzeinschätzung des Kindes sowie verabredete Maßnahmen zu dessen Unterstützung festzuhalten. Dieses Blatt liegt zwischen den Konferenzen an einem allen bekannten Ort aus, um die verabredeten Maßnahmen im Blick zu haben.

# PROTOKOLL ENTWICKLUNGSKONFERENZ

Teilnehmer: Datum: Einrichtung / Gruppe:

| Kind / Bezugserzieherin | Vollständigkeit der Unterlagen / Nötige Nachbesserung | Kurzeinschätzung der Situation des Kindes | Maßnahmen aus Entwicklungs-konferens und Elterngespräch | Erfolgskontrolle / Datum |
|---|---|---|---|---|
| | | | | |
| | | | | |
| | | | | |
| | | | | |

Methodenbox in der Krippe I ISBN 978-3-942334-25-9 I © Verlag Bananenblau UG (haftungsbeschränkt) I Arkonastraße 45-49 I 13189 Berlin I www.bananenblau.de

# Protokoll Entwicklungskonferenz

**Teilnehmer:** DORIS, HOLGER, HEIDI **Einrichtung:** HEXENNEST **Datum:** 30.1.12

| Kind / Bezugserzieherin | Vollständigkeit der Unterlagen / Nötige Nachbesserung | Kurzeinschätzung der Situation des Kindes | Verabredete Maßnahmen aus PEK und Elterngespräch | Erfolgskontrolle / Datum |
|---|---|---|---|---|
| JUANITA / DORIS | PORTFOLIO: ELTERNGESPRÄCH ABHEFTEN. | FRÖHLICH, 'AUFGEWECKT', 'MANCHMAL ANGST BEIM SCHLAFEN' ISST DERZEIT WENIG | AUF TRINKEN ACHTEN. MITTAGSSCHLAF 'ABGEWÖHNEN' | KEIN SCHLAF MEHR SEIT 31.12 |
| JIM / HOLGER | ALLES PICOBELLO! | OFFENBAR GUT. SEHR ZURÜCKHALTEND, DAHER SCHWER EINSCHÄTZBAR | → BEOBACHTUNG IM FREISPIEL DURCHFÜHREN | BEOB. ZU ENDE FEBRUAR DURCHGEFÜHRT – SIEHE PROTO! 1.3.12 |
| OLE / DORIS | ALLES I.O. | SCHWIERIGE PHASE AUFGRUND FAMILIÄRER SITUATION. UNRUHIG, REIZBAR, SCHNELL 'KÖRPERLICH' IN AUSEINANDERSETZUNGEN | ZEIT GEBEN – NICHT SCHIMPFEN, ÖFTER KUSCHELN. ↳ WEITERES EG IM MÄRZ FÜHREN | SITUATION DEUTLICH VERBESSERT SEIT AUSZUG MUTTER 4/12 |

Methodenbox in der Krippe | ISBN 978-3-942334-25-9 | © Verlag Bananenblau UG (haftungsbeschränkt) | Arkonastraße 45-49 | 13189 Berlin | www.bananenblau.de

# Aufbereiten der Beobachtungen: Clustern und analysieren

## Gute Frage:

Wie erfahren wir aus all dem, was wir beobachtet und notiert haben, was für unsere pädagogische Planung jetzt Priorität haben sollte?

## Material:

Stifte, Kärtchen oder Klebezettel, Moderationswand mit Papier, eventuell darauf eingezeichnete Sortier-Felder oder Skalen

## So geht´s:

Ergebnis einer Beobachtungsphase sind viele Einblicke in das Tun der Kinder, die in ihrer Vielzahl und Ungeordnetheit verwirren mögen. Um zu erfahren, in welche Richtung man weiter planen könnte, muss erst einmal Ordnung geschaffen werden. Ordnung innerhalb von Beobachtungsergebnissen schaffen heißt, einzelnen Eindrücken Kategorien zuzuordnen.

## Folgende Methoden bieten sich an:

Übertragen Sie alle Beobachtungen (etwa die gesehenen Tätigkeiten der Kinder) auf Klebezettel oder kleine Kärtchen. Überlegen Sie sich Themen, nach denen sie diese ordnen können. Das könnten folgende sein:

- Ordnen nach den „elementaren Spielhandlungen“: Welche Tätigkeit passt zu welchem Spielschema? Zu welcher Spielhandlung haben Sie besonders viele Beobachtungen gemacht?
- Ordnen nach Häufigkeit: Welchen Tätigkeiten gehen besonders viele Kinder nach, welche werden nur von einzelnen durchgeführt?
- Ordnen nach „Impuls“: Welche Tätigkeiten gehen auf Impulse der Erzieher zurück, welche kamen aus der Mitte der Kinder?
- Ordnen nach Intensität: Welche Aktivitäten wurden intensiv, lange, störungsarm durchgeführt? Welche brachen wegen Materialmangel oder Konflikten schnell ab?

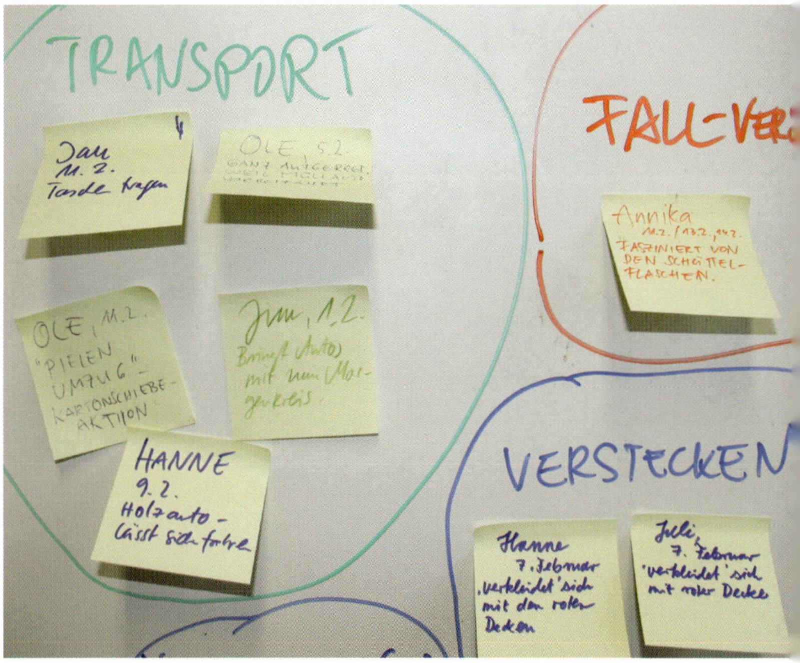

# Lösungen für typische Fehler in der Reflexionsphase

*„Wir reden eigentlich pausenlos über die Kinder", erzählt Bea begeistert, „deswegen brauchen wir keine solchen festen Termine mit Sitzung und Protokoll." Als die Mutter von Lino zwei Wochen später in die Einrichtung kommt, um ihre Sorgen über die Entwicklung ihres Sohnes zu schildern, zeigt sich, dass die Leiterin eigentlich nur wenig mehr über Lino weiß als das, was in der Kinderakte steht. Umgekehrt wussten Bea und Kollegin nichts von dessen gelegentlicher Lebensmittelunverträglichkeit, die nur dort steht.*

Über jedes Kind im Gesamtteam zu sprechen, ist in vielfacher Hinsicht wichtig – nicht nur beim Reflektieren über dessen Entwicklung, sondern auch in Bezug auf jeglichen Informationsaustausch. Gerade in Problemsituationen rächt es sich bitter, wenn Erzieher allein auf die Information aus informellen Gesprächen über die Kinder vertrauen.

Goldene Regeln

## Reflexion

Schaffe verbindliche Rituale in Form von fixen Terminen, um über die Kinder zu sprechen.

Organisiere die Aufgabe, kein Kind zu vergessen und jedem Kind in deiner Einschätzung gerecht zu werden.

Verstehe andere Sichtweisen deiner Kollegen nicht als Angriff sondern als Bereicherung und notwendige Ergänzung deiner Einschätzungen.

# Das Entwicklungsgespräch



## Gute Frage:

Wie geraten wir mit den Eltern in einen offenen Austausch, bei dem diese sich aktiv beteiligen können?

## So geht's:

Wenn schon Kolleginnen beim Beobachten eines Kindes zu unterschiedlichen Einschätzungen kommen können – wie groß können dann erst die Unterschiede zwischen den Auffassungen der Erzieherinnen und Eltern sein? Schon aus diesem Grund sind regelmäßige Elterngespräche eine wertvolle Informationsquelle und eine sinnvolle Gelegenheit für einen Austausch.

Bewusst als „Entwicklungsgespräch" durchgeführte Termine mit den Eltern bewirken aber noch mehr. Sie zeigen Eltern, worum es in der Arbeit der Krippe eigentlich geht: Eltern erhalten oft erstmals im Gespräch mit den Erziehern Einblick darüber, was es eigentlich bedeutet, dass das Kind individuell gefördert und begleitet wird. Sie verstehen, dass Krippe viel mehr bedeutet als Betreuung, wenn Pädagoginnen berichten, wie sie das Kind einschätzen und in welchen Punkten sie es unterstützen.

Viele „klassische" Elterngespräche wirken ein wenig wie ein Rechenschaftsbericht: Die Erzieher legen dar, was sie geleistet haben, und die Eltern „nicken ab". Wie gut, wenn es Erziehern gelingt, die Rollen anders zu verteilen: Indem Sie den Eltern aufzeigen, wo das Kind steht, ihnen Tipps geben, was sie ihrem Kind Gutes tun können, vermitteln Sie den Eltern, dass Sie die Expertin für frühkindliche Entwicklung sind und etwas von Ihrem Handwerk verstehen. Nehmen Sie die Eltern als Experten für das eigene Kind wahr und beziehen deren Erfahrungen in die Beratung ein, um am Ende des Gespräches gemeinsame Beschlüsse zu fassen.

# Schritt 1: Terminvorschlag statt Gesprächsangebot

### Gute Frage:

Wie erreichen wir, dass die Eltern unser Bedürfnis nach Entwicklungsgesprächen ernst nehmen?

### So geht´s:

Ein erster Schritt, um Elterngesprächen zu mehr Wertigkeit zu verhelfen, ist es, sie den Eltern nicht nur anzubieten, sondern ihnen zu zeigen, dass regelmäßige Entwicklungsgespräche einfach dazu gehören – und quasi verbindlich sind. Bieten Sie von sich aus Zeiträume an, in deren Rahmen sie eine Terminvereinbarung erwarten („Nach den Herbstferien ist wieder unsere Entwicklungsgesprächs-Woche, bitte rechtzeitig einen Termin reservieren!"). Gerade wenn alle Gespräche innerhalb eines überschaubaren Zeitraums stattfinden, entsteht ein positiver Gruppendruck unter den Eltern („Hattet Ihr schon euren Termin? Unserer war ziemlich interessant..."). Es kann günstig sein, zusätzlich zur Eintrageliste in der Krippengarderobe auch per Mail Terminangebote zu machen. Vergessen Sie nicht, die jeweiligen Eltern kurz vor dem Termin an das Gespräch zu erinnern – Kitatermine werden schnell übersehen.

### Material:

Terminkalender, Liste, Erinnerungsmail.

# Schritt 2: Zwei Seiten bereiten vor

### Gute Frage:

Wie erreichen wir, dass wir mit den Eltern in einen echten Austausch treten, statt nur unsere Sicht darzulegen?

### So geht´s:

Als Erzieherin werden Sie im eigenen Interesse gut vorbereitet ins Elterngespräch gehen und Beobachtungen durchgeführt, Unterlagen wie das Portfolio aktualisiert und wichtige Gesprächsinhalte stichwortartig festgehalten haben. Genauso macht es aber auch Sinn, den Eltern Möglichkeiten zur Vorbereitung zu geben, damit diese nicht im Nachhinein das Gefühl bekommen, von den Einschätzungen der Pädagogen überfahren worden zu sein. Das kommt gar nicht so selten vor. Günstig ist es also, die Eltern einzuladen, die Entwicklung ihres Kindes mithilfe eines einfachen Entwicklungsbogens einzuschätzen, damit beim Gespräch zwei Seiten ihre Sicht darlegen können. Emotional bindet es die Eltern ein, ihrerseits Seiten für das Portfolio beizusteuern zu dürfen und damit etwas aus der eigenen Erziehungspraxis erzählen zu können. Erwarten Sie schwierige Gespräche, kann es sinnvoll sein, die Eltern vorab zu einer Hospitation einzuladen, um auch sie eine Beobachtung durchführen zu lassen.

# GESPRÄCHSBOGEN FÜR ELTERN

Ausgefüllt von: Datum:

| Wie schätzen Sie die Situation Ihres Kindes in der Einrichtung ein? | Welche Wünsche, Sorgen und Ziele sollten wir besprechen? |
|---|---|
| | |

| Wie ist die Situation des Kindes daheim? | Gibt es gesundheitliche Fragen zu besprechen? |
|---|---|
| | |

| Wie schätzen Sie die Entwicklung Ihres Kindes derzeit ein? | Über welche Aspekte der pädagogischen Arbeit würden Sie gerne mehr erfahren? |
|---|---|
| | |

Methodenbox in der Krippe I ISBN 978-3-942334-25-9 I © Verlag Bananenblau UG (haftungsbeschränkt) I Arkonastraße 45-49 I 13189 Berlin I www.bananenblau.de

Methode

# Schritt 3: Entwicklungsgespräch mit kleinen Zielen

## Gute Frage:

Wie integrieren wir das Bedürfnis der Eltern, die Entwicklung ihres Kindes aktiv zu unterstützen, ins Entwicklungsgespräch?

## So geht´s:

Erzieherinnen fördern Kinder in ihrer Entwicklung – klar. Inwieweit Eltern ihre Aufgabe darin sehen, ihr Kind in der Entwicklung bewusst zu fördern, ist höchst unterschiedlich ausgeprägt: Manche begreifen ihre Aufgabe eher als Begleitung, andere Eltern hingegen neigen zur Überbehütung. Wieder andere fürchten, ihr Kind könnte nicht schnell genug lernen und wollen jede Lebenssituation des Kindes lerntechnisch optimieren. Das Entwicklungsgespräch kann ein Anlass sein, um Eltern einen angemessenen Umgang mit dem Thema „Förderung" zu ermöglichen – gesteuert durch die Erzieherinnen.

**In einem Entwicklungsgespräch können Sie den Gesprächsverlauf in vier Phasen entsprechend steuern:**

Im ersten Schritt stimmen Sie Ihre Eindrücke darüber ab, womit sich das Kind ihrer Beobachtung nach gerade intensiv beschäftigt.

Im zweiten Schritt versuchen Sie gemeinsam herauszufinden, welche Fähigkeiten es dabei entwickelt und trainiert. Hier kann wieder das Schema mit den elementaren Spielhandlungen nützlich werden.

Im dritten Schritt überlegen Sie zunächst ungezielt, welche Unterstützung das Kind dabei gebrauchen könnte – etwa, indem ein bestimmtes Spielmaterial angeschafft oder ein Spiel angeboten wird.

Konkret wird es im vierten Schritt: Hier verabreden Sie mit den Eltern, jeweils einen dieser besprochenen Schritte umzusetzen. Beim nächsten Gespräch werden Sie dann gemeinsam Rückschau halten, was diese Verabredung gebracht hat.

# ENTWICKLUNGSGESPRÄCH

Ausgefüllt von: Gruppe: Tag: Zeitraum:

| | Damit beschäftigt sich das Kind gerade häufig und gern | Diese Fähigkeiten entwickelt das Kind gerade und trainiert sie | Das könnte das Kind fördern und im weiterem Lernen unterstützen | Das werden wir konkret tun, um das Kind in seiner Entwicklung zu unterstützen |
|---|---|---|---|---|
| Krippe | | | | |
| Eltern | | | | |
| Auswertung | | | | |

## Gesprächsbogen für Eltern

**Ausgefüllt von:** K. Blum **Datum:** 20.01.2013

| Wie schätzen Sie die Situation Ihres Kindes in der Einrichtung ein? | Welche Wünsche, Sorgen und Ziele sollten wir besprechen? |
|---|---|
| Es fühlt sich wohl und ist ein Teil der Gruppe geworden. Es ist aktiv am Tagesgeschehen beteiligt. | Übernahme in die Kita |
| **Wie ist die Situation des Kindes daheim?** | **Gibt es gesundheitliche Fragen zu besprechen?** |
| Ein harmonisches Miteinander im Familienalltag. | Es gibt keine gesundheitlichen Fragen |
| **Wie schätzen Sie die Entwicklung Ihres Kindes derzeit ein?** | **Über welche Aspekte der pädagogischen Arbeit würden Sie gerne mehr erfahren?** |
| Absolut Altersentsprechend. | Die frühzeitliche Wahrnehmung von alltäglichen Konflikten in der Gruppe |



## Entwicklungsgespräch

**Termin:** 24.1.13 **Anwesende:**

| | Damit beschäftigt sich das Kind gerade häufig und gern: | Diese Fähigkeiten will das Kind gerade entwickeln und trainiert sie: | Das könnte das Kind fördern und zum weiterem Lernen unterstützen: | Das werden wir konkret tun, um es in seiner Entwicklung zu unterstützen |
|---|---|---|---|---|
| Krippe | BAUSTEINE-STAPELN, PUZZLE LEGEN, KLETTER (SPROSSENWAND, SPIELPLATZ) | "HOCH HINAUF KOMMEN", KOGNITION, KLETTERN | SCHWIERIGERE PUZZLE (25+), MAL ANDERE KLETTERGERÜSTE, BALANCIEREN KÖNNEN | → WALDTAG FÜR DIE "GROßEN" |
| Eltern | LEGO/DUPLO BAUEN, BÜCHER ANSEHEN | ← WARUM FRAGEN, ZUSAMMENHÄNGE VERSTEHEN | BAUSTELLEN-BÜCHER? | SPIELPLATZ NACH DEM ABHOLEN (FRI-HAIN, KLETTERTURM) |
| Auswertung Am: 25.2.13 | WEITER HIN PUZZLE. DIE IDEE MIT DEN SCHWEREREN PUZZLES WAR GUT – TOTAL BEGEISTERT! DER WALDTAG KAM GUT AN, JETZT NACHLASSENDE KLETTER BEGEISTERUNG (WETTER?) | | | |

Unterschriften: [Unterschrift] [Unterschrift]

# Lösungen für typische Gesprächsfehler

## Das Beruhigungsgespräch

*„Zunächst mal: Es ist alles in Ordnung mit ihrer Samira, wir wollen uns nur einmal über sie unterhalten", beginnt Christian sein erstes Elterngespräch. Die Miene der Eltern hellt sich auf, während Christian auf Basis eines kleinen Fragebogens ausführlich vorstellt, dass Samira eigentlich in allen Entwicklungsbereichen ziemlich altersgemäß vorangekommen ist. „Haben Sie noch Anmerkungen, unbeantwortete Fragen", schließt er seinen Vortrag zögerlich ab, „ansonsten würde ich das Gespräch hiermit beenden?" Die Eltern haben keine Fragen – und denken: „War ja ganz interessant... Aber eigentlich interessiert uns nur, ob es Samira in der Krippe gut geht. Wozu all die Worte?"*

Elterngespräche werden von Eltern oft als lästige Pflicht wahrgenommen, als ein Termin, der irgendwie dazugehört, aber wenig bringt. Das mag daran liegen, dass die Rolle der Eltern dabei oft größtenteils passiv ist. Indem Sie von Anfang an Eltern eine aktive Rolle anbieten, indem diese sich ebenfalls vorbereiten sollen und Ziele verabreden, machen Sie das Elterngespräch ungeahnt spannend – für beide Seiten.

**Must have für Elterngespräche**

- Gute Vorbereitung
- Augenhöhe
- Positive Sicht auf die Dinge
- Verbindliche Ziele
- Feste Termine
- Von beiden unterschriebenes Protokoll

**Goldene Regeln**

## Gute Elterngespräche

Bereite dich gut vor; sorge aber auch dafür, dass sich Eltern gut vorbereiten können – wenn sie möchten.

Teile ihnen vorher mit, über was ihr sprechen werdet, händige ihnen von dir genutzte (leere) Einschätzungsbögen oder Beobachtungsbögen aus, damit sie selbst einmal ihr Kind einschätzen und beobachten können.

Respektiere die Sicht der Eltern, stelle sie neben deine, nicht darüber oder darunter. Grundsätzlich ist davon auszugehen, dass Eltern wie Erzieher aus ihrem persönlichen Blickwinkel andere, aber trotz scheinbarer Widersprüchlichkeit, richtige Wahrnehmungen machen.

Verabrede mit den Eltern Ziele – nicht anhand von Defiziten, sondern von Potentialen und Bedürfnissen des Kindes.

Überlegt gemeinsam, was das Kind gerne macht, gut kann und wie man diese Bedürfnisse unterstützen könnte, um damit vielleicht auch eher kritische Entwicklungsbereiche zu fördern.

Verabrede wenige, mit Sicherheit erreichbare Ziele. Werde in Verabredungen konkret: Vermeide „wir könnten" und „wir sollten" zugunsten von „wir werden".

Lorum Ipsum dolor

## Für wen wird geplant und wie oft?

Die Planung in der Krippe sollte einem festen Rhythmus folgen. Da in den meisten Krippen in Gruppen gearbeitet wird, muss für die Gruppe und für die ganze Krippe geplant werden. Wie Sie die Planungssitzungen organisieren, hängt von der in Ihrer Krippe vorherrschenden Teamkultur ab. Ein Vorschlag wäre, die Planungssitzung in der Gruppe durchzuführen und die Dienstberatung an der alle Mitarbeiterinnen der Krippe teilnehmen zu nutzen, um die Planungen der einzelnen Gruppen abzugleichen. Es ist sinnvoll in einem Monatsrhythmus zu planen, also monatlich eine Planungssitzung durchzuführen. Den Verlauf der geplanten Arbeit und die Erreichung der vorgenommenen Ziele sollte man aber durchaus vierzehntägig auf der Dienstberatung diskutieren.

**Auf einen Blick**

# Planung

**Frage:**

Wie können wir das Tun der Kinder bereichern und ihrer Entwicklung herausfordern?

**Teilschritte:**

Spielthemen der Kinder durch Beobachtung ermitteln

Anregungen, Anreize und Unterstützung planen

Einen zeitlichen Rahmen für die Umsetzung entwickeln

Geplantes für den Planungszeitraum schriftlich festhalten

Verantwortlichkeiten und Zuständigkeiten festlegen

**Aktionsform:**

Regelmäßige Zusammenkunft aller Kollegen in der Gruppe, ein- oder zweimal im Monat

**Dokumentation:**

Auf Planungsposter oder vorbereiteten Planungsblättern.

Methode

# Aus Kinderaktivitäten wird ein Plan – die Lotusmethode

## Gute Frage:

Wie kann ich aus all den beobachteten Tätigkeiten eine Planungsgrundlage für mein Tun herstellen?

## So geht´s:

Wenn wir das Spiel der Kinder beobachten, erkennen wir eine ganze Fülle von Beschäftigungen, denen die Kinder nachgehen. Um aus diesem Wirrwarr an beobachteten Tätigkeiten eine gemeinsame Planung für die Gruppe entwickeln zu können, müssen wir Hauptthemen aus der Auswahl gewinnen. An welchen Themen waren besonders viele Kinder interessiert, wo war ihr Interesse besonders hoch?

Die Lotusplan-Methode bietet sich an, um aufgrund der Beobachtungen strukturiert planen zu können. Auf diesem Plan befinden sich um die Kernfrage „Was tun die Kinder" acht Felder zum Eintragen ausgewählter, beobachteter wichtiger Beschäftigungen. Jedes der acht Felder steht in Verbindung mit einem der acht ebenfalls achtfach unterteilten Außenfelder, die sich wie eine Lotusblüte – daher der Name des Plans – um das Innenfeld gruppieren. Zu den beobachteten Tätigkeiten, die wir in den acht Innenfeldern eintragen, übertragen wir nun in die Mitte dieser acht Aktionsfelder ein dahinter vermutetes übergreifendes Interesse der Kinder. Manchmal ist es gut, für eine der beobachteten Beschäftigungen der Kinder zwei oder drei Aktionsfelder auszufüllen, weil die Kinder mit vielen ihrer Beschäftigungen mehrere Themenbereiche untersuchen.

Wie können wir das Tun der Kinder bereichern? Wie können wir sie herausfordern, den nächsten Entwicklungsschritt zu gehen? Welche Materialien könnten wir den Kindern anbieten, um das, was sie gerade sehr interessiert tun, noch intensiver oder in veränderter Form zu tun? Welches Spiel oder Buch zum Thema wäre für die Kinder jetzt interessant? Für solche Ideen bieten rund um jede der acht „Aktionsfelder" weitere acht Felder Platz. Hier tragen wir ein, welche Spielidee, welches neue Material oder welcher Ausflug den Kindern nützen könnte, um das Thema aus dem Aktionsfeld noch intensiver untersuchen zu können. Die eingetragenen Aktionen werden natürlich nicht alle nacheinander „abgearbeitet".

Wie oft macht eine solche Planung Sinn? Erfahrungen zeigen, dass dieses stark vom Alter der Kinder abhängt. Bei Kindern im Alter um ein Jahr sollten sich die Pädagoginnen jede Woche zusammensetzen, um aus Beobachtungen eine solche Planung zu gewinnen. Bei zweijährigen Kindern kann eine gut durchdachte Planung durchaus über drei, vier Wochen umgesetzt werden.

## Material:

„Lotusplan" in großem Format (gut: DIN A2) oder Blanko-Poster auf Flipchart, Stift, eine oder zwei Stunden Zeit, ruhiger Raum

# Planen in der Krippe: Das Unplanbare ist planbar

*Die Team-Runde von Sylvie, Claudia und Christian ist inzwischen bei der Frage angekommen, welche Konsequenzen man aus dem Anzieh-Interesse ziehen könnte. Mehr Möglichkeiten, Dinge selber zu machen, schlägt Claudi vor: „Die Kinder würden liebend gerne beim Bettmachen mithelfen – auch so eine Sache, bei der man sich selbstständig fühlen kann!" Sylvie greift Christians Vorschlag auf: „Wir sollten regelmäßig das Bad gut heizen und diese Aktion mit den Körperfarben anbieten, die im Sommer so viel Spaß gemacht hat – auch wenn sich die Kinder dabei zehnmal komplett anmalen!" „An- und Ausziehen müssen sich die Kinder dabei auch.", merkt Claudia an. Dass das Interesse der Kinder für die Katze, die sich immer wieder in den Krippengarten schleicht, aufgegriffen und ein Katzenbuch angeschafft und Katzen-Spiele gespielt werden müssen, versteht sich fast von selbst. Locker trägt Christian diese drei Ideen für zukünftige Aktionen in den Plan ein.*

*Auch die Ergebnisse des Entwicklungsgesprächs mit Lenas Eltern sollen in die Planung einfließen. Weil das Thema „Anziehen" für Lena wie auch andere Kinder gerade wichtig ist, beschließt das Team, jetzt die Kiste mit den zusätzlichen Puppenkleidern aus dem Materiallager zu holen, damit Lena ihr Interesse daran im Spiel ausleben kann. „Das hatten wir den Eltern auch versprochen!", sagt Claudia.*

Wohl in keinem Punkt unterscheidet sich die Arbeit in der Kinderkrippe von der mit älteren Kindern so sehr wie bei der Planung. Für Lehrer beispielsweise bedeutet Planung fast ausschließlich, ein gelenktes Lernangebot in allen Phasen vorzubereiten. Die „freie" Phase, meistens die Hofpause, wird kaum planerisch durchdacht. Auch im Kindergarten planen die Erzieherinnen vor allem gelenkte Angebote, während man in Bezug auf das Freispiel eher davon ausgeht, durch gute Materialien alles Nötige getan zu haben. Wer neu in einer Krippe ankommt, stellt fest, dass dieses Prinzip auf die Arbeit mit Kleinkindern kaum oder nur mit höchst unbefriedigendem Ergebnis übertragbar ist: „Die Kinder machen immer etwas völlig anderes mit den Dingen, die ich ihnen im Angebot hinstelle!", klagen dann Kollegen. Und mögen denken: „Muss man denn überhaupt für Krippenkinder planen, wenn eh alles anders kommt?" Man muss und sollte – aber eben auf andere Weise. Es ist tatsächlich wenig sinnvoll, ausschließlich die kurzen Angebotsphasen, die sich an den Morgenkreis anschließen, in genauen Plänen vorauszudenken. Planung muss sich in der Krippe auf viele Phasen des Tagesablaufs beziehen, in denen die Kinder auf vielfältige Weise handeln können. Aber natürlich können und müssen wir diese Phase nicht so vorausplanen, wie man es für ältere Lerner täte, mit genauen Abläufen, denn es geht in der Krippe nicht darum, die Kinder zu einer bestimmten Handlung zu bringen. Sondern darum, das, was die Kinder von sich aus tun, mit guten Ideen und passenden Materialangeboten zu bereichern.

Was das Kind aktuell interessiert, welches Geheimnis der Welt das Kind gerade zu ergründen sucht, zeigt sich im Spiel. Im Spiel braucht es unsere geplanten Impulse und Materialangebote. Krippenkinder spielen fast in jeder Tagesphase: beim Morgenkreis, beim Angebot, beim Essen – und in jeder Phase dazwischen. Unsere Planung muss uns in die Lage versetzen, flexibel auf Ereignisse zu reagieren, die wir nicht vorhersehen konnten. Wir müssen auch in geplanten Prozessen in der Lage sein, in allen Spielmomenten dem Kind etwas Angemessenes zu geben.

Wie kann eine gute Planung in der Krippe aussehen? Um genaue Ablaufpläne und konkrete Angebote geht es höchstens im Ausnahmefall, wenn quasi ein besonderes „Krippen-Projekt" – wie die aufwändige Körperfarben-Aktion in unserem Beispiel – ansteht. In der Regel reicht es aus, sich gemeinsam anhand der Beobachtungsergebnisse auf Schwerpunkte im Tun der Kinder zu einigen und dazu weitere Ideen für Betätigungen der Kinder zu sammeln, Material zu beschaffen und über räumliche Bedingungen nachzudenken. Auf einem großen Blatt oder Poster sollte dieses Ergebnis einer Planungsabsprache, die aufgrund der schnellen Entwicklung kleiner Kinder ruhig alle zwei Wochen stattfinden sollte, in einer für alle Kollegen verstehbaren Form festgehalten werden.

Die Handlungen der Kinder lassen sich nicht planen. Aber wir können aufgrund unserer Beobachtung des Verhaltens und der Gewohnheiten der Kinder Thesen darüber aufstellen, was sie brauchen und welche Reaktionen bestimmte Materialien hervorrufen könnten.

## Ein Beispiel:

Die Kinder in der Gruppe der 1- bis 2-Jährigen rennen durch den Raum. Sie nehmen die Spielmaterialien aus den Regalen und tragen sie an einen anderen Ort. Dies tun sie mit großer Ausdauer, obwohl Melanie, die Erzieherin, die Dinge immer wieder zurück räumt. Für Melanie verursacht das Verhalten der Kinder Chaos. Melanie filmt die Situation und zeigt diese ihren Kolleginnen. „Ganz klar, die Kinder sind auf der Stufe des Transportes, das ist ganz typisch für Kinder in diesem Alter.", gibt Petra, eine ältere Kollegin, zu bedenken. Sie rät Melanie, die im Raum quer stehenden Regale an die Wand zu schieben, das Spielmaterial in den Regalen, darauf hin zu prüfen, welche davon sich gut transportieren lassen, und Kisten, Beutel und große Autos in den Raum zu stellen. Melanie befolgt den Rat und stellt fest, dass die Kinder mit großer Geschicklichkeit Kisten und Taschen befüllen und durch den Raum tragen.

Das Beispiel macht deutlich, dass Entwicklungsangebote für Krippenkinder nicht aus Vorleserunden oder Erklärungen bestehen können. Krippenkinder reagieren auf Materialangebote und Raumanordnungen. Dies sind die Elemente, die Krippenerzieher in ihrer Planung berücksichtigen müssen.

Eine Kopiervorlage finden Sie auf Seite 113

## Beispiel:

Mehrere Kinder in der Gruppe der Zweijährigen beschäftigen sich in verschiedener Form mit dem Thema „Abwasch“. Am Spiel-Waschbecken wird dabei das Auswaschen von Gläsern simuliert. Dazu passt, dass viele Kinder beim Frühstück ihr Brot nicht essen, sondern aufheben, um nach dem Frühstück ihren Teller „auszukippen“, was natürlich nicht auf die Begeisterung von Eltern und Pädagogen stößt. Die Kinder verfolgen jedoch sehr interessiert, wie ihr Essen in den Mülleimer fliegt. In eines der acht inneren Felder des Lotusplans tragen wir „Abwasch spielen“ ein. Die Pädagoginnen überlegen nun: Interessiert die Kinder am Abwasch das Verschmutzen und Sauberwerden von Gegenständen? Nehmen sie die hauswirtschaftlichen Aktivitäten, die für ihr Alltagsleben unternommen werden, wahr? Interessiert sie das Schütt-Experiment? In eines der Außenfelder wird „Umschüttexperimente“ eingetraten, in ein anderes „Müll“. Zum Aspekt „Müll“ kommen dann folgende Aktionsvorschläge dazu: Ein Bilderbuch über Müllentsorgung betrachten, den Müllmann beim Abholen unserer Tonne beobachten, die Essensreste ab jetzt durch die Kinder in den Mülleimer werfen lassen.

Methode

# Nebenher entwickeln sie sich – Stufenlisten mit Kompetenzen

## Gute Frage:

Wie erfahre ich, ob sich die Kinder bei einer derart offenen Planung gut entwickeln, auch um gegebenenfalls Einzelnen eine individuelle Förderung zukommen zu lassen?

## So geht´s:

Um Einblick in den Entwicklungsstand der Kinder zu haben, gleichen Erzieherinnen diesen oft mit Entwicklungstabellen ab, in denen vermerkt ist, was ein Kind „normalerweise" in einem bestimmten Alter kann. Das gibt bei unauffälligen Entwicklungsverläufen ein gutes Gefühl, erzeugt aber bei langsameren Entwicklungsverläufen nicht selten Hilflosigkeit bei Eltern und Pädagogen. Denn plötzlich sehen und bemerken sie nur noch Defizite bei einem Kind, die es ihm fast unmöglich machen, trotz intensiver Förderung zu den „Schnellen" aufzuschließen.

Stufenlisten sind eine Alternative: Auch auf ihnen werden in Tabellenform Entwicklungsstationen beschrieben. Aber die Stufenlisten sind keinem Alter zugeordnet, sondern nur durchnummeriert, sodass man von Blatt zu Blatt erkennt, in welcher Reihenfolge bestimmte Kompetenzen normalerweise erworben werden. Für jedes Kind in der Gruppe können wir solche Listen führen, um den Entwicklungsstand der Kinder darauf individuell festzuhalten.

Das geht so: Zu jeder der auf den Blättern beschriebenen Entwicklungsstationen gibt es ein Feld, in das wir eintragen können, ob das Kind diese Station schon erreicht hat, aber noch nicht abgeschlossen hat oder aber die jeweilige Fähigkeit komplett erworben hat. Es bietet sich an, das vollständige Erreichen mit „K" wie „kann es!" zu kennzeichnen – mit Datum – und die Beschäftigung mit dem Erwerb mit „W" wie „auf dem Weg".

Welchen Nutzen hat die Mitverfolgung der Entwicklung der Kinder auf den Blättern? Zum einen ist es einfach, aufgrund der Listen einen Einblick über den Entwicklungsstand des Kindes bei pädagogischen Konferenzen oder im Elterngespräch zu geben – schließlich wurde alles dokumentiert. Wichtiger noch ist die sich aus der Methode ergebende Möglichkeit, den Entwicklungsstand aller Kinder in der Gruppe als Grundlage für die pädagogische Planung zu nutzen: Schließlich sagen uns die Blätter ja, mit welchen Themen sich viele Kinder gerade beschäftigen, welche Themen einzelne gerade schon untersuchen, weil sie etwas schneller sind – und wo den „langsameren" etwas Unterstützung gut täte.

## Material:

Stufenlisten zu den wesentlichen Entwicklungsbereichen kleiner Kinder, abgeheftet im Portfolio der Kinder



Vgl.: Bostelmann, Antje (Hrsg.): Stufenblätter in der Krippe, Bananenblau, 2010.

Stufenblatt **Sprache**
Stufe **1**

**Name:** Piet **Jahr:** 2012

| Nr. | Kompetenz | Einschätzung | Beweis |
|---|---|---|---|
| 1 | Du drückst dich mit deinem Körper aus. | Februar 2012 K | Foto im Portfolio |
| 2 | Du äußerst dich mit Lauten und benutzt verschiedene Vokale. | März 2012 | Video |
| 3 | Du ahmst Worte nach. | MAI 2012 | Beobachtung |
| 4 | Du hörst und verstehst den Zusammenhang zwischen gezeigten Gegenständen und gesprochenen Worten | Juli 2012 | selber ausgesprochen beim essen |
| 5 | Du verstehst einfache Aufforderungen. | Juli 2012 | im Alltag immer sichtbar |

Dieses Stufenblatt wurde ~~am~~ im Juli 2012 erreicht.

Unterschrift ErzieherIn: W

# Lösungen für typische Planungsfehler

## 1. Modell: Jahreszeiten-Pädagogik

*„Die nächsten Monate ist klar, was wir machen", freut sich Leiterin Hedda. „Im Dezember ist Weihnachten sowieso unumgänglich. Im Januar machen wir das Winter-Projekt. Im Februar ist eh Fasching dran – und dann kommt dieses Jahr ohnehin schon Ostern." Erstens kommt es anders, zweitens als man denkt: Das Weihnachtsfest beeindruckt die Kinder zwar, aber erst im Januar, als sie wieder und wieder im Morgenkreis „Kling Glöckchen" singen möchten. Verkleiden ist eigentlich immer angesagt – nur ausgerechnet in den Faschingskostümen fühlen sich die Kinder nicht wohl und verderben das gut vorbereitete Fest mit Heulen. Wie viel sie wohl von Ostern begreifen werden?*

Schon im Kindergarten ist es eine ziemlich fragwürdige Vermutung, dass die Kinder keine wichtigeren Themen interessierten als den Ablauf der Jahreszeiten. Hinter Frühlings-, Sommer- und Herbstprojekten verbirgt sich nicht selten die Fantasielosigkeit mancher Planenden. In der Krippe haben solch „große Themen" sowieso nichts zu suchen, denn das Interesse der Kleinkinder ist auf kürzere Themenstellungen ausgerichtet und dreht sich viel mehr darum, was man tun kann, als um das, was sich um uns herum tut. Vergessen wir ruhig das Thema „Projekt" bei den Kleinen!

## 2. Modell: Kein Plan

*„Kinder hauen jeden Plan kaputt", ärgert sich Sylvie, „deswegen mache ich mir auch keinen!" Sie arbeitet nach eigener Aussage lieber „situationsorientiert", was bedeutet, dass sie jeden Tag bei den Kindern ist, ihrem Spiel zuschaut und sich manchmal darin einbringt. Manchmal, wenn Sylvie im Arbeitsalltag ein paar Minuten zum Nachdenken hat, fällt ihr ein, was man den Kindern zusätzlich anbieten könnte – eine Spielidee, ein Material, ein Buch – um deren Entdeckerlust anzufeuern. Meistens gehen solche Ideen aber im Trubel unter.*

Kleine Kinder brauchen niemanden, der ihnen sagt, was sie tun sollen – aber jemanden, der sie auf Ideen bringt, was man tun könnte. Jemanden, der ihnen ermöglicht, Dinge, die sie sowieso machen wollen, noch intensiver zu tun. Erzieherinnen sind Vormacher, Materialbeschaffer und Ideensammler. Um diese Rolle wahrzunehmen, brauchen Erzieherinnen Zeit zum Nachdenken, zum Materialbeschaffen, zum Reflektieren der täglichen Praxis: Planungszeit eben!

## 3. Modell: Ohne Ziel läuft hier nichts

*Rolf und sein Team möchten die Kinder optimal fördern. Die Methode dazu hat Rolf auch schon entwickelt: Alle wichtigen Erziehungsziele für die Kinder hat er aufgelistet, und nun geht es nur noch darum, sie in gezielten Angeboten abzuarbeiten. Heute ist in der einen Gruppe das Üben des Pinzettengriffs dran, und die anderen machen nach dem Morgenkreis ein schönes Sprachspiel. „Unsere Eltern sind hellauf begeistert!", freut sich Rolf.*

Die Kinder in Rolfs Gruppe lernen tatsächlich mit dem Pinzettengriff zu greifen, gut zu sprechen und am Ende sogar einige Wörter in einer anderen Sprache und die Eltern sind zufrieden. Stutzig machen könnte sie nur, dass auch die Kinder in der Nachbarkrippe, in der oft „einfach nur gespielt" wird, im gleichen Zeitraum sämtliche dieser Fähigkeiten ebenfalls erworben haben.

Um es klarzustellen: Es ist gut, wenn Krippenerzieher bei allem was sie planen, an damit verbundene Erziehungsziele denken, statt einfach nur etwas mit den Kindern zu machen, was man eben mit denen so macht. Wenn man aber wie Rolf aus unserem Beispiel andersherum von den Erziehungszielen ausgeht und zu deren Erreichung Angebote konstruiert, dann übersieht man völlig den eigenen „Lernplan" der Kinder, mit dem sich diese die Welt hervorragend erobern können. Statt von festgeschriebenen Erziehungszielen sollte Rolf besser von seinen Beobachtungen ausgehen, durch die die „Lernbewegungen" der Kinder sichtbar werden.

**Goldene Regeln**

# Kleinkindgemäße Planung

Denke beim Planen nicht darüber nach, was die Kinder tun sollen – sondern denke darüber nach, welcher Impuls sie dazu bringt, alles Mögliche zu tun. Vertraue darauf, dass in der Kleinkindpädagogik viele Wege nach Rom führen – und zu anderen lohnenswerten Reisezielen!

Denke über indirekte Wege nach, Kinder zum Tun zu bewegen. Vertraue nicht auf deine Worte, sondern auf Sprache, die Kleinkinder besser verstehen: Den Anreizcharakter eines tollen Materials, den Vorbildcharakter, den du verkörperst, wenn du dich intensiv auf ein Spiel einlässt.

Schaffe Momente, in denen du innehalten und darauf schauen kannst, was dein pädagogisches Handeln bewirkt hat. Lege ruhig mal eine Beobachtung zur Erfolgsprüfung deines Planes ein. Gerade weil deine Planung nicht das eine klare Ziel kennt, sondern viele, brauchst du Einblick darin, welches Ergebnis am Ende bei den Kindern herauskommt.

# Mitstreiter gewinnen: Dokumentation für Eltern

*„Die Eltern kriegen gar nicht mit, was ihre Kinder alles können", murrte Sylvie vor einiger Zeit, als sie wieder einmal beobachtete, wie den Kindern beim Abholen alle „Anzieh-Schritte" abgenommen werden, die diese längst können – worauf sie natürlich quengeln. Inzwischen ist Sylvie aktiv geworden, um den Eltern diesen Einblick zu geben: Ein Poster „Selbermachen im Krippentag" hängt im Eingangsbereich, und dort ist in Text und Bild zu erfahren, welche Tätigkeiten die Kinder inzwischen selbst machen (Tischdecken, Anziehen, Wickeltisch erklimmen, Betten bauen...) und welche Fähigkeiten damit gleichzeitig geschult werden. „Das kannst du also schon?", fragt Leos Mutter ihren Sohn, als sie das Foto betrachtet, auf dem zu sehen ist, wie Leo sich die Strumpfhose anzieht.*

*Über das Katzenprojekt hat jeden Tag ein wenig im „Pädagogischen Tagebuch" gestanden – aber das geht meist unter in der „Abhol-Hektik". Viel mehr rückt das Katzen-Thema ins Blickfeld der Eltern, als der Projekttisch im Eingangsbereich steht. Hier liegen lauter Dinge bereit, die zum Thema Katze passen: Kinderbilder, Bücher, Kuschelkatze, eine Dose Katzenfutter, Dinge aus dem Kaufmannsladen, die Katzen nicht mögen. An der Pinnwand hängen viele Katzenbilder, auch aus Büchern, und Fotos der schleichenden Kinder. Es scheint, als enstehen zwischen Kindern, die kaum sprechen können, und deren Eltern Gespräche über das Projektthema und das, was auf den Fotos zu sehen ist. Die Eltern rührt das an...*

„Die Eltern wollen ja mitkriegen, was wir so machen..." Diese Begründung hört man oft, wenn es um den Sinn von Tagebüchern und Doku-Postern in Krippe oder auch Kindergarten geht. „Wir machen etwas, weil die es wollen": Das klingt defensiv, und in der Defensive setzt man sich allzu sehr mit dem auseinander, was die Gegenseite vermeintlich denkt oder vorhat. Wir plädieren entschieden dafür, offensiv an das Thema Dokumentation für Eltern heranzugehen.

Zum einen zeigt es den Eltern, dass es die Erzieherinnen mit der Erziehungspartnerschaft erst meint. Zum anderen lädt die Dokumentation die Eltern ein, am Tagesgeschehen ihrer Kinder teilzuhaben. Es ist für Eltern hochinteressant und emotional einbindend, von den Erzieherinnen Einblicke in den Alltag dargeboten zu bekommen. Verstehen wir also die Dokumentation immer auch als eine Präsentation darüber, was unsere Arbeit ausmacht. Auch um Eltern von unserer Leistungsfähigkeit zu überzeugen und als Mitstreiter zu gewinnen.

Viele „klassische Dokumentationsformen" drücken eher immer die dienende Rolle aus: („Schaut, liebe Eltern, wie wir es euch recht zu machen versuchen!") Moderne Dokumentationsformen sollten den Gedanken einbeziehen, dass Eltern gerne bereit sind, etwas von Pädagogik-Fachleuten über Kinder zu erfahren, um diese Erkenntnisse auch für ihr Elterndasein nutzen zu können: „So arbeiten wir erfolgreich mit Ihrem Kind – wäre das auch was für Sie?"

Nachdenken sollte man beim Thema Dokumentation nicht nur über das „Was", sondern auch intensiv über das „Wie" und „Wo". Ein wenig kann man bei den letzten beiden

Fragewörtern ruhig in die Rolle eines Werbefachmanns schlüpfen, um zu überlegen, mit welchen Worten und Bildern man die Eltern am besten erreicht. Bei einem unscheinbaren Tagebuch mit Krakelschrift, welches die Eltern übersehen, ist es klar, dass man schnell den Eindruck gewinnt, die Eltern interessierten sich nicht für die Arbeit der Krippe. Bunte, freundliche Dokumentationsposter mit spannender Überschrift, aufgehängt an einem Ort, wo Eltern oft wartend stehen, können diese Frage völlig neu beantworten – probieren Sie es aus.

## Elterndokumentation hat viele Facetten

Krippenteams die denken, dass sie einfach nur mal schnell aufschreiben, was sie so den ganzen Tag gemacht haben und sich weiter keine Gedanken machen müssen, leben gefährlich. Anhand der Dokumentation lässt sich eine ganze Reihe von Fragen über die Krippe beantworten, viel mehr als die Pädagogen beabsichtigen.

### Was macht mein Kind den ganzen Tag?

Meist ist das die wichtigste Frage für Eltern. Hier sollte jede Dokumentation aussagefähig sein und den Eltern ein gutes, sicheres Gefühl geben.

### Wie arbeitet die Krippe?

Dazu lässt sich viel an der Dokumentation ablesen. Die Dokumentation sollte den Eltern vielfältige Einblicke in die Arbeitsweise der Krippe geben. Wie ordentlich und zuverlässig ist die Krippe? Eltern lesen hier viel an der Art und Weise der Dokumentation ab. Ist sie sauber und ordentlich geführt, hängt sie ordentlich aus, wird sie regelmäßig ergänzt? Unordentliche Zettel, die noch im Frühjahr an das Kürbisfest vom Oktober erinnern, werfen kein gutes Licht auf die Einrichtung.

### Wie qualifiziert sind die Erzieher?

Erzieher in der Krippe sind Profis in der Arbeit mit kleinen Kindern. Das sollte die Dokumentation deutlich machen. Verwenden Sie deshalb Fachbegriffe, beschreiben Sie Situationen auf eine qualifizierte Art und Weise. Tagesdokumentationen die nicht mehr zu bieten haben als die Aussage „alle hatten Spaß", werfen kein gutes Licht auf die Qualifikation der Pädagogen.

### Wie gut beherrschen die Erzieher die Sprache?

Sprache nimmt einen zentralen Platz in der Krippenarbeit ein. Gerade deshalb achten Eltern besonders darauf, dass die Erzieher gut und richtig sprechen. Schließlich lernen die Kinder in der Krippenzeit sprechen und schauen sich dabei viel von der Erzieherin ab. Dokumentationen, die voller Schreib- und Grammatikfehler sind oder in schlechter Ausdrucksweise verfasst wurden, lassen Eltern zweifeln.

### Wie hoch ist die Innovationskraft der Krippe?

Wie sind die Dokumentationen gestalten? Lässt sich die Krippe etwas einfallen? Oder gibt es Woche für Woche die gleichen Formulare mit den gleichen Fotos von den immer gleichen Aktionen?

Auf einen Blick

# Dokumentation für Eltern

**Ziel:**
Den Eltern zeigen, was den Tag über in der Krippe geschieht, um ihnen Einblicke zu geben und sie zur Unterstützung und Mitarbeit zu gewinnen.

**So gehts**

Auf Postern mit Text und Bild, die typischen Elemente der Arbeit in der Krippe vorstellen. Zum Beispiel den gesamten Tagesablauf oder den Ablauf einzelner Phasen, immer mit pädagogischer Begründung, warum das auf eine bestimmte Weise gemacht wird.

Tagebücher, die täglich oder wöchentlich aktualisiert werden, um Eltern Einblick in das aktuelle  Geschehen zu geben, auch um ihnen die Gelegenheit zu geben mit ihren Kinder darüber zu sprechen.

Projekttische, auf denen Materialien und Ergebnisse von besonderen Angeboten liegen – ebenfalls mit benannten Zielen, gleichzeitig auch als Gesprächsanlass.

Unterstützend dazu Info-Systeme wie ein Wochenkalender und ausgehängte Planungsunterlagen, die Eltern einen Überblick geben, woran in den nächsten Tagen gearbeitet wird.

"Schlicker" + "Wasser" = breiige, zähflüssige Masse
Wir lernen das Material "Schlicker" kennen
"hinterlassen Spuren"

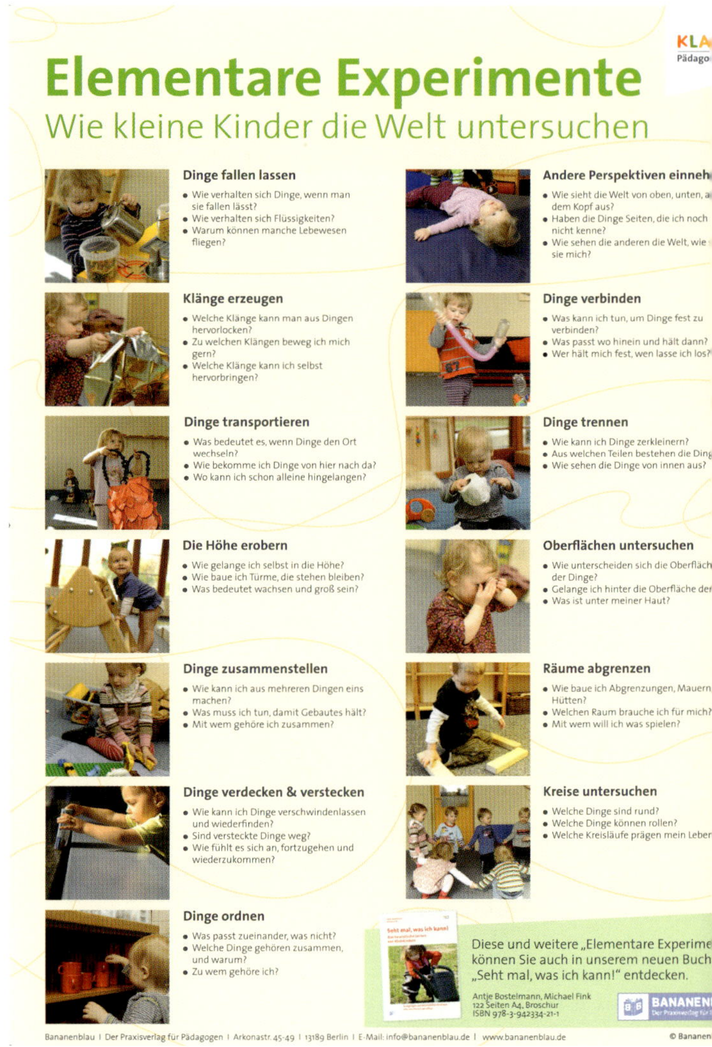
Elementare Experimente
Wie kleine Kinder die Welt untersuchen
Dinge fallen lassen
Wie verhalten sich Dinge, wenn man sie fallen lässt?
Wie verhalten sich Flüssigkeiten?
Warum können manche Lebewesen fliegen?
Klänge erzeugen
Welche Klänge kann man aus Dingen hervorlocken?
Zu welchen Klängen beweg ich mich gern?
Welche Klänge kann ich selbst hervorbringen?
Dinge transportieren
Was bedeutet es, wenn Dinge den Ort wechseln?
Wie bekomme ich Dinge von hier nach da?
Wo kann ich schon alleine hingelangen?
Die Höhe erobern
Wie gelange ich selbst in die Höhe?
Wie baue ich Türme, die stehen bleiben?
Was bedeutet wachsen und groß sein?
Dinge zusammenstellen
Wie kann ich aus mehreren Dingen eins machen?
Was muss ich tun, damit Gebautes hält?
Mit wem gehöre ich zusammen?
Dinge verdecken & verstecken
Wie kann ich Dinge verschwinden lassen und wiederfinden?
Sind versteckte Dinge weg?
Wie fühlt es sich an, fortzugehen und wiederzukommen?
Dinge ordnen
Was passt zueinander, was nicht?
Welche Dinge gehören zusammen, und warum?
Zu wem gehöre ich?
Andere Perspektiven
Wie sieht die Welt von oben, unten, dem Kopf aus?
Haben die Dinge Seiten, die ich noch nicht kenne?
Wie sehen die anderen die Welt, wie sie mich?
Dinge verbinden
Was kann ich tun, um Dinge fest zu verbinden?
Was passt wo hinein und hält dann?
Wer hält mich fest, wen lasse ich los?
Dinge trennen
Wie kann ich Dinge zerkleinern?
Aus welchen Teilen bestehen die Din
Wie sehen die Dinge von innen aus?
Oberflächen untersuchen
Wie unterscheiden sich die Oberfläch der Dinge?
Gelange ich hinter die Oberfläche der
Was ist unter meiner Haut?
Räume abgrenzen
Wie baue ich Abgrenzungen, Mauern, Hütten?
Welchen Raum brauche ich für mich?
Mit wem will ich was spielen?
Kreise untersuchen
Welche Dinge sind rund?
Welche Dinge können rollen?
Welche Kreisläufe prägen mein Leben
Diese und weitere „Elementare Experime können Sie auch in unserem neuen Buch „Seht mal, was ich kann!" entdecken.
Antje Bostelmann, Michael Fink
122 Seiten A4, Broschur
ISBN 978-3-942334-21-1
Bananenblau | Der Praxisverlag für Pädagogen | Arkonastr. 45-49 | 13189 Berlin | E-Mail: info@bananenblau.de | www.bananenblau.de

Spurensuche...
Paul Klee

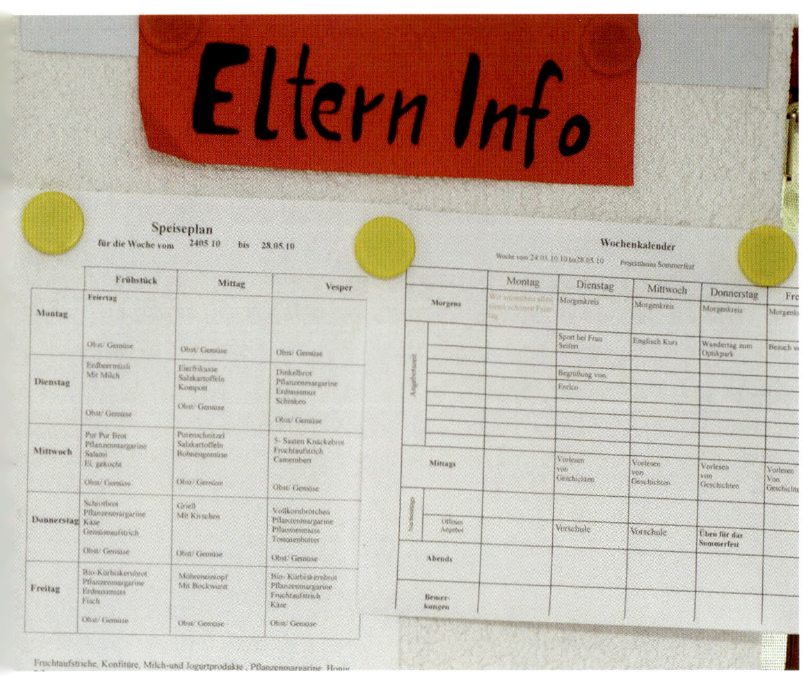
Eltern Info
Speiseplan
für die Woche vom 24.05.10 bis 28.05.10
Frühstück
Mittag
Vesper
Montag
Dienstag
Mittwoch
Donnerstag
Freitag
Wochenkalender
Montag
Dienstag
Mittwoch
Donnerstag
Morgens
Mittags
Abends

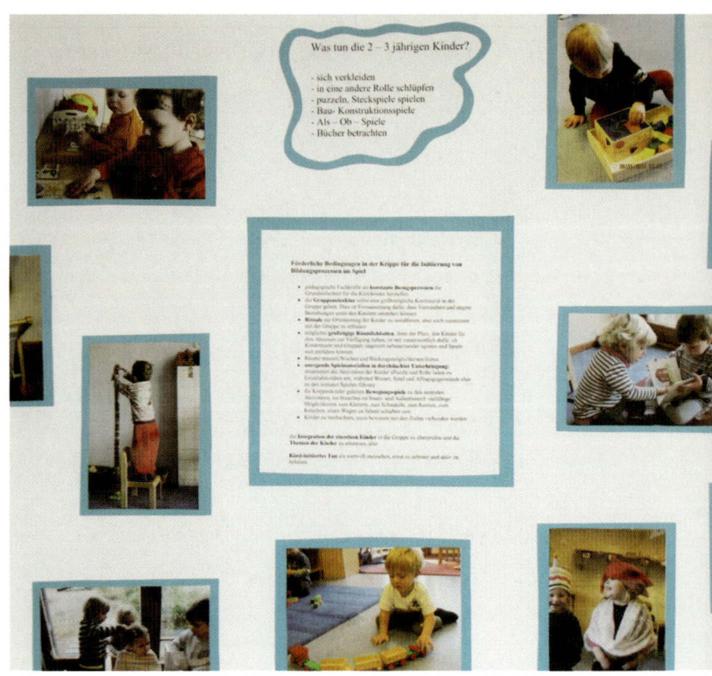
Was tun die 2 – 3 jährigen Kinder?
- sich verkleiden
- in eine andere Rolle schlüpfen
- puzzeln, Steckspiele spielen
- Bau- Konstruktionsspiele
- Als – Ob – Spiele
- Bücher betrachten

# Tagesdokumentationen



## Gute Frage:

Unsere Eltern fühlen sich immer schlecht informiert. Aber wie viele Informationen können sie denn in der kurzen Zeit beim Abholen verdauen – und welche Form ist angemessen, um schnell Infos zu erfassen?

## So geht's:

Sieht gut aus, ist schnell ausgefüllt und ebenso flott gelesen: Die einfachste Tagesdokumentation ist wohl ein täglich ausgelegtes und nach Ablauf des Tages abgeheftetes Blatt mit kurzem Text über das wichtigste vom Tag. Viele Erzieher schwören auf ein kopiertes Formblatt mit hübschem Rahmen und vorbereiteten Kästen zum Eintragen, um darauf den Tag dokumentieren zu können.

## Gut sind drei oder vier Kästen, um folgendes vom Tag zu dokumentieren:

- Ein Foto des Tages. Ein oder zwei Sätze: „Heute haben wir..."
- Ein kleiner Kasten, um das Mittagessen aufzuschreiben.
- Ein vierter Kasten, um entweder wichtige Infos zu notieren („Nicht vergessen: Morgen ist Schließtag!") oder auch mal den Kindermund sprechen zu lassen („Leo sagte heute zu Lea...")

Die Blätter heften wir täglich ab, um so ein durchaus lesenswertes Krippentagebuch entstehen zu lassen, welches Eltern gerne durchblättern, wenn sie einmal etwas mehr Zeit beim Abholen haben. Vor allem neue Eltern können sich außerdem beim Info-Besuch auf diese Weise ein gutes Bild von der Arbeit machen.

## Material:

Vorbereitetes Formblatt, Fotos, Kleber. Pinnwand zum Anbringen des Blattes. Ordner zum Abheften der Blätter

Tagesrückblick der Schmetterlinge vom 21.11.2012

Restliche Bilder → siehe Monitor

**Unsere Erlebnisse vom Tag:**

Im Morgenkreis hat der Jan die Geschichte von den „Drei kleinen Schweinchen" erzählt.
Anschließend sind wir in die Malert-shirts geschlüpft und konnten mit Farbe (rot, blau, gelb, grün) und Pinseln, Korken und Schwämmen experimentieren.
Einige haben eine Eisenbahn gemalt, guckt Euch die Bilder im Atelierbereich an.

**Welche Kompetenzen fördern wir:**

Fachkompetenz → kennenlernen der Farben

# TAGESDOKU

Tagesrückblick der: vom:

Unsere Erlebnisse vom Tag:

Welche Kompetenzen fördern wir:



Methodenbox in der Krippe I ISBN 978-3-942334-25-9 I © Verlag Bananenblau UG (haftungsbeschränkt) I Arkonastraße 45-49 I 13189 Berlin I www.bananenblau.de

# Das Tagebuch erzählt

Methode

## Gute Frage:

An manchen Tagen passiert viel bei uns, manchmal eher nicht. Wie kann ich dennoch signalisieren, dass bei uns unterm Strich über einen längeren Zeitraum ganz viel passiert?

## So geht´s:

Vor dem Gruppenraum liegt ein Tagebuch aus, in Form eines DIN A4 großen Skizzenbuches mit unbedruckten Seiten. Täglich tragen wir ein, was heute los war, gerne auch unterstützt mit einem Bild. Zwei Unterschiede gibt es zwischen Tagebuch und abgehefteten Tagesblättern aus der vorherigen Idee: Beim normierten Tagesblatt muss man täglich ungefähr die gleiche Menge Text eintragen, und wenn es einmal wenig zu berichten gibt, sieht das irgendwie unbefriedigend aus. Im Tagebuch wird einfach so viel eingetragen, wie der Tag hergibt, mal länger und mal kürzer. Anders als das Blatt hängt das Buch nicht plakativ aus und bietet Infos auf einen Blick, sondern will aufgeschlagen oder umgeblättert werden. Das verlangt den Eltern etwas mehr ab, aber dafür konzentrieren sie sich, wenn sie das Buch erst einmal zur Hand genommen haben, mehr auf das Geschriebene, oder auf die eingeklebten Fotos und eingemalten Bilder der Kinder.

## Material:

Blanko-Buch (DIN A4) Fotos, Stift, Kleber. Platz zum Ablegen des Buches (Tischchen, Pult).

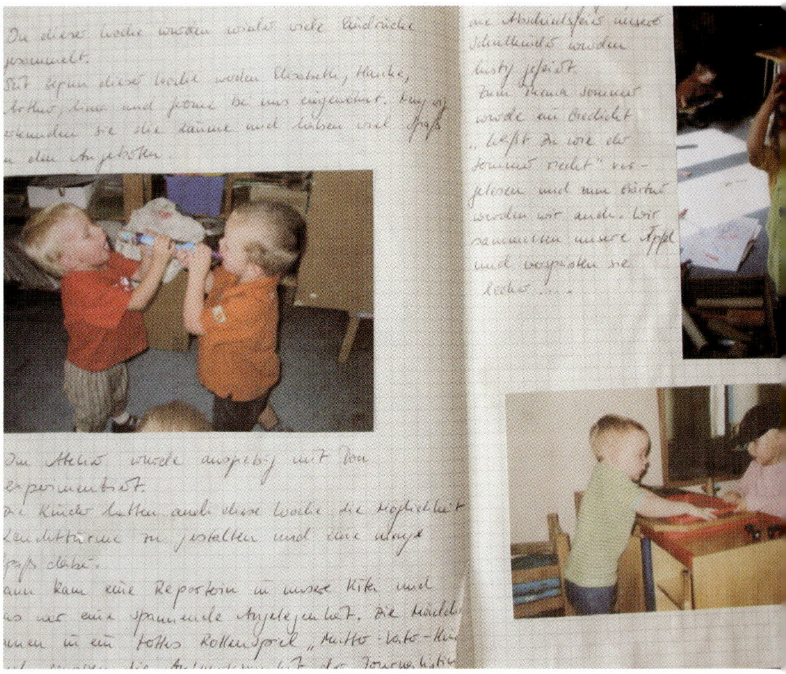

**Auf den Inhalt kommt es an:**

Schreiben Sie nicht „Alle hatten Spaß“ beim Ausflug, sondern besser: „Max und Lea haben Blätter untersucht, während Mia und Lotti um die Wette gerannt sind.“

Klare Erläuterungen und nachvollziehbar beschriebene Lernwege machen eine gute Dokumentation aus.

Methode

# Digital oder analog – Ein Bild vom Tag

## Gute Frage:

Unsere Eltern sehen sich eigentlich nur die Fotos auf den Dokumentationspostern an. Es geht doch sicher auch ohne Text. Lasst uns einen digitalen Bilderrahmen anschaffen.

## So geht´s:

„Eigentlich will ich ja nur wissen, ob mein Kind gut drauf war!", denken viele Eltern. Diese Frage kann ein Foto des Kindes beantworten, das über einen digitalen Bilderrahmen huscht. Was für die Erzieherinnen eher banal ist („Hier schneidet Anna eine Kartoffel durch, und Elli sieht ihr dabei zu"), beantwortet für Eltern eine spannende Frage: „So sieht mein Kind aus, wenn es in der Krippe ist!" Gerade die Konzentration, mit der Kinder tagsüber in Tätigkeiten versinken, illustriert ein Foto viel besser als manches Wort und mancher Fachterminus. Mit Hilfe von Fotos und Filmsequenzen verstehen Eltern leichter und deutlicher, was Bildungsarbeit in der Krippe bedeutet.

Zunächst einmal macht es wenig Aufwand, rechtzeitig vor Beginn der Abholzeit eine Auswahl an Fotos vom Vormittag in den Bilderrahmen einzuspeisen. Wir sollten darauf achten, dass jedes Kind in der Gruppe irgendwo auf den Fotos zu sehen ist. Außerdem ist es ratsam, nicht immer die gleiche Tagessituation zu dokumentieren, sondern mal den Ausflug, mal das Frühstück, mal den Kreis, oft eines der vielen Spiele, und so oft wie möglich ein spannendes Angebot. So erhalten die Eltern einen Überblick über den gesamten Tagesablauf.

Es geht auch ohne digitale Technik, aber langsamer: Viele Krippen haben gute Erfahrungen mit einer Wand voller Foto-Einsteck-Taschen. In jede dieser Taschen werden dann regelmäßig neue Fotos gesteckt, sodass pro Kind alle ein bis zwei Wochen ein neues Bild zu sehen ist. Insgesamt bildet die Fotowand so eine ganze Menge der vielfältigen Krippen-Aktivitäten ab.

## Aber Achtung:

Bilder alleine reichen nicht aus. Es ist absolut wichtig, auch die digitalen Medien zum Verbreiten von textlichen Inhalten zu nutzen. Eine reine Diashow ohne Erläuterungen, Darstellung von pädagogischen Zielen und ohne Beschreibung von Verläufen und Ergebnissen verzichtet auf das Wesentlichste. Zusätzlich zu den Bildern brauchen die Eltern unbedingt einen erläuternden Text darüber, welche Aktion auf dem digitalen Bilderrahmen zu sehen ist.

## Material:

Digitaler Bilderrahmen, USB-Stick
Oder: Foto-Einstecktaschen

# Das Ding des Tages

## Gute Frage:

„Meiner erzählt nix!", klagen die Eltern oft. Was kann ich tun, um die Kinder mit Eltern über Erlebnisse des Tages ins Gespräch zu bringen?

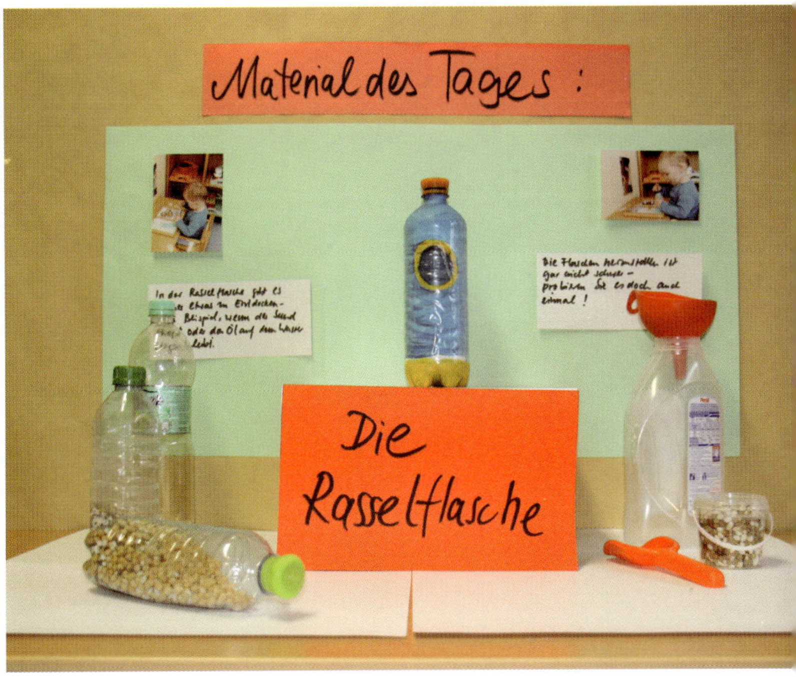


## So geht´s:

Schon wenige Fotos erlauben ganz kleinen Kindern, die kaum sprechen können, sich mit ihren Eltern über ihre Erlebnisse während des Krippentages auszutauschen. Wesentlich besser können Kleinkinder das aber, wenn sie konkrete Gegenstände vorfinden, die am heutigen Tag eine Rolle gespielt haben. Eine gute Idee ist eine kleine Ablage oder ein Tisch, auf dem täglich solche Gegenstände ausgestellt werden, die heute hergestellt, genutzt oder auf eine andere Weise eine große Rolle gespielt haben: Am Backtag steht die Kuchenform da oder die leere Mehltüte. Am Spieltag liegen Buddelsachen da. Am Maltag überrascht die Eltern eine Kompositi-on aus einem Bild, einer Farbrolle und einem Foto von der Aktion. Wie von selbst entstehen so Gespräche zwischen Eltern und Kindern darüber, was denn heute damit gemacht wurde. Auch die Erzieherinnen freut es, wenn sie nun von Eltern darauf angesprochen und vielleicht gelobt werden.

## Material:

Tischchen oder Pult, dahinter Pinnwand, Poster mit Fotos und kurzem Erläuterungs-text

Instrument

# Pädagogik sichtbar machen

## Gute Frage:

Angebote sind gerade in der Krippe nur ein kleiner Teil unserer Arbeit. Wie kann ich die Eltern erfahren lassen, dass unser Alltag von pädagogischen Überlegungen durchzogen und damit quasi Bildungsarbeit ist?

## So geht's:

Die meisten Eltern lernen während der Krippenzeit ihres Kindes viel darüber, wie Pädagogik funktioniert. Sie wollen sich nicht jeden Tag mit pädagogischen Beweggründen auseinandersetzen. Aber sie schätzen es, ab und zu einmal einen Einblick darüber zu erhalten, wie das Team arbeitet und welche Ziele es dabei verfolgt. Es gibt ein gutes Gefühl, wenn man erfährt, dass die Erzieher des eigenen Kindes ihre Arbeit mit Bedacht planen. Als Pädagogen haben wir ein großes Interesse daran, den Eltern dieses Gefühl zu geben, denn dadurch entsteht Vertrauen. Grade deshalb lohnt es sich, gründlich darüber nachzudenken, welche Grundelemente unserer Arbeit den Eltern per Dokumentation erklärt werden sollten. Unseren Erfahrungen nach beschränken sich viele Erzieherinnen zu sehr auf die „Highlights" ihrer Arbeit wie besondere Angebote und Ausflüge. Ergebnis ist oft, dass nur noch die besonderen Aktionen wertgeschätzt werden und der ganz normale Alltag als unzureichend angesehen wird: „Jetzt gab es lange keinen Ausflug mehr und das Angebot fiel auch zweimal aus. Sollte ich mein Kind zu einem Kurs anmelden, damit es überhaupt noch was lernt?" Dem können wir entgehen, indem wir auch Themen wie Freispiel, Ausruhen, Essen und vieles mehr regelmäßig auf Postern vorstellen.

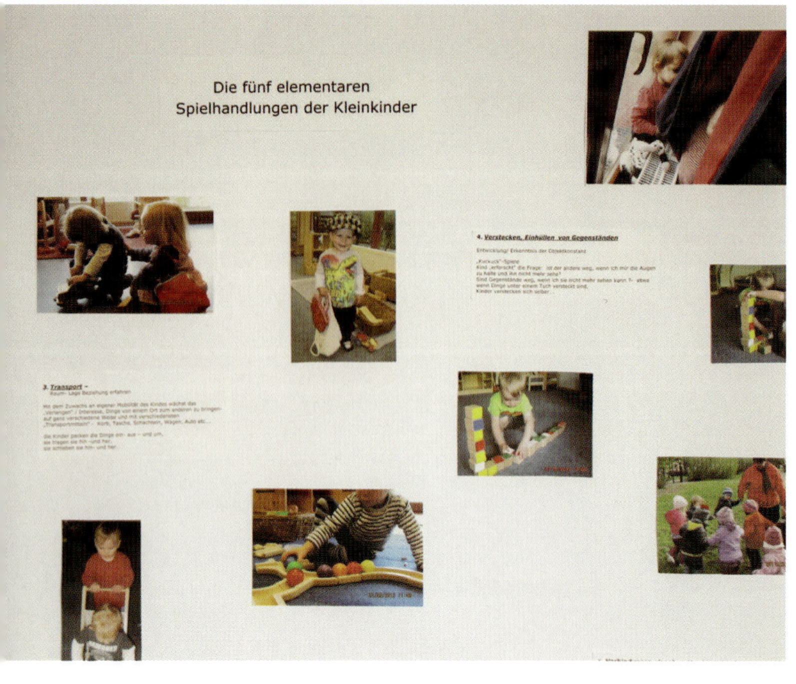


## Material:

Großes Poster mit Fotos, Texten, aufgehängt in Eingangsbereich, Wartebereich oder Garderobe.

# Mehr als nur Betreuung: Den Tagesablauf vorstellen

## Gute Frage:

Viele Eltern neigen dazu, unsere täglichen Bildungsangebote überzubewerten. Weniger klar ist ihnen, dass auch der Rest des Tages pädagogisch durchdachte Arbeit ist. Was tun?

## So geht´s:

Frühstück, Wickeln, Mittag, Schlafen, Spielen, Rausgehen: Für viele Eltern ist kaum ersichtlich, dass die allgemein bekannten typischen Tagesphasen einer Krippe nicht einfach nur so durchgeführt werden, sondern mit pädagogischen Zielen verbunden sind. Hochinteressant kann es für sie sein, welche Kompetenzen ihres Kindes in diesen Phasen scheinbar nebenher gefördert werden und welche ihrer Bedürfnisse besondere Beachtung in der Gestaltung dieser Phasen finden. Dafür bietet es sich an, auf einem Poster – oder einer großflächigen „Tagesuhr“ – alle wichtigen Phasen aufzuführen und jeweils zu benennen, was die Kinder dort tun können und wie sie sich dabei entwickeln. Ein solches Poster kann dauerhaft ausgehängt werden.

## Material:

Großes Poster, Fotos jeder Tagesphase, Textfeld zu jeder Phase mit Erläuterungstext

Für eine Tagesuhr: Großes runde Papierscheibe, Zeiger aus Papier, befestigt mit Musterbeutelklammer, Fotos, Beschriftung.

Power-Point-Dokumentation für Elternabend – oder die Internetseite der Krippe

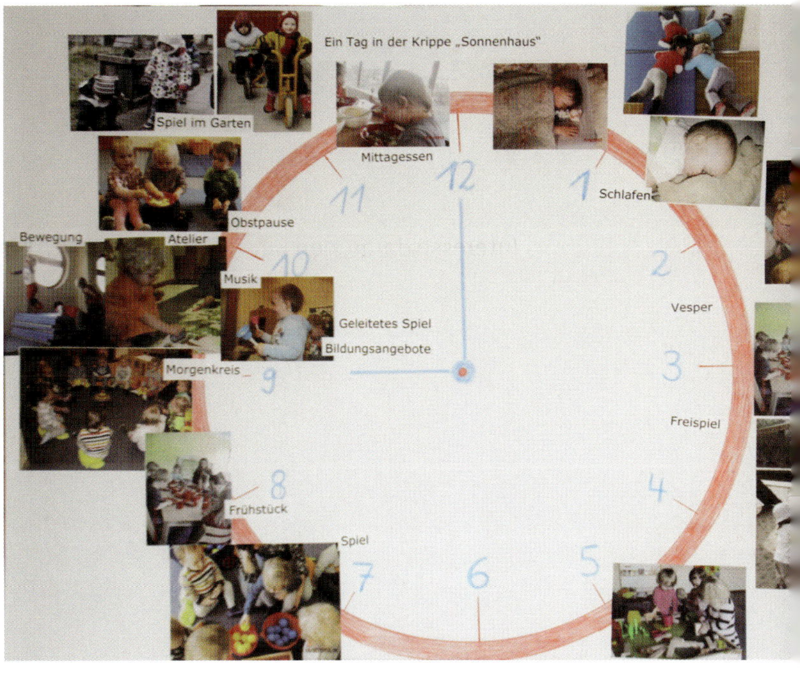

Methode

# Mehr als Zeug zum Spielen: Materialien vorstellen

## Gute Frage:

Viele Eltern glauben, unsere Krippe sei schlecht mit Spielzeug ausgestattet. Besonders unsere hochwertigen didaktischen Materialien können sie nicht wertschätzen und manches selbstgebastelte Spielmaterial erst recht nicht. Wie können wir das ändern?

## So geht´s:

Ähnlich wie die Tagesphasen verdienen es auch die Spiel- und Lernmaterialien den Eltern genauer vorgestellt zu werden. Besonders überzeugend wirken Bilder von Schatzkorb, Aktionstablett oder einer Sinneswand, wenn Kinder damit in Aktion zu sehen sind. Gerade der konzentrierte Gesichtsausdruck von Kindern beim Hantieren mit Dingen, die den Eltern erst einmal nichts sagen, überzeugt diese schließlich, dass es sich dabei doch um einen interessanten Gegenstand handeln muss. Wie wäre es mit einer ständigen Dokumentationsecke mit dem „Material des Monats" oder sogar dem „Material der Woche"? Dabei wird ein bestimmtes Spielzeug ausgelegt und daneben beschriftete Fotos ausgestellt, auf denen Kinder dieses Ding vielfältig untersuchen. Vergessen Sie nicht, den Eltern den Sinn der Materialien bezogen auf die Entwicklung der Kinder zu erklären und Empfehlungen darüber abzugeben, wie Eltern ähnliche Angebote zu Hause machen können.

## Material:

Poster mit Fotos, die Material in Benutzung durch die Kinder zeigen, mit Erläuterungstexten, ein Tisch, auf dem das Material ausgestellt ist

# Mehr als Aufenthaltsräume: Raumkonzepte vorstellen

Methode

## Gute Frage:

Unseren Garten halten die Eltern für völlig unzureichend, denn dort gibt es keine klassischen Spielgeräte, aber dafür einen Matschplatz, hohes Gras und Büsche zum Verstecken. WIe können wir den Eltern unser Gartenkonzept erklären?

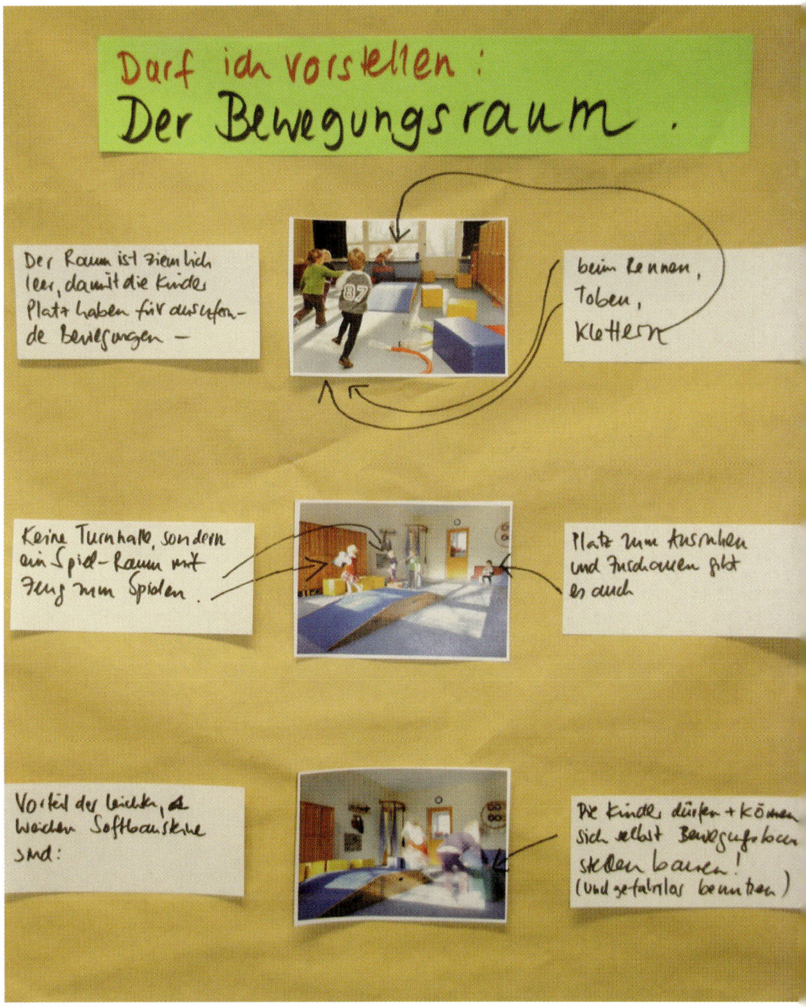


## So geht´s:

Auch Räume, egal ob innen oder außen, sollten in regelmäßigen Abständen zum Thema eines Dokumentationsposters oder eines bebilderten Vortrages beim Elternabend werden. Der Erzieherinnen längst ins Blut übergegangene Grundsatz, dass „der Raum ein dritter Erzieher" sei, ist für Eltern zunächst fremd, und entsprechend bewerten sie zunächst den Gruppenraum, sonstige Räume oder eben den Garten mit ihren Gestaltungsvorstellungen: „Hier könnte doch ein schönes Bild hängen!" oder „Das hohe Gras wirkt ungepflegt!"

Wenn wir auf einem Dokumentationsposter einzelne Raum- und Gartenbereiche mit ihren Funktionen vorstellen („In dieser Ecke können die Kinder zahlreiche Sinneserfahrungen machen"), verstehen Eltern nicht nur besser, warum die Räume auf eine bestimmte Weise gestaltet sind, sie begreifen darüber auch allmählich, welche Bedeutung eine gestaltete Umgebung für moderne Pädagogik hat.

## Material:

Poster mit Fotos, die Räume und Gartenbereiche in Benutzung durch die Kinder zeigen, Erläuterungstext

Methode

# Ein tägliches Highlight – gezielte Angebote dokumentieren

## Gute Frage:

Manche Eltern wünschen sich, dass regelmäßig in der Gruppe ein Musikkurs stattfindet. Eigentlich dachte ich bisher, dass mein Musik-Angebot sehr abwechslungsreich ist!

## So geht´s:

Nicht vergessen dürfen wir eine anschauliche Dokumentation einiger Angebote. Muten wir es den Eltern regelmäßig zu, einmal genauer zu erfahren, was bei einem Bewegungs-, Musik- oder Malangebot vor sich geht! Eltern gefällt es nach unserer Erfahrung, wenn sie auch hier nicht nur einen Einblick in die schönsten Momente bekommen, sondern den Ablauf einer solchen Beschäftigung nachvollziehen können. Geeignet sind also Poster, welche die Phasen eines solchen Angebotes mit Bildern und Erläuterungstext aufführen „9:20 Uhr: Jetzt machen wir erstmal eine Aufwärmübung...“. Noch sinnvoller können kleine Filme über die Aktion sein, die auf dem Elternabend vorgestellt und kommentiert werden. Gut ist es, den Zuschauern einen Beobachtungsauftrag zu geben: „Achtet gleich darauf, mit welchem Gesichtsausdruck Lukas die Schaumfarbe erkundet!“

Auch eine „Rekonstruktion“ besonderer Angebote bietet sich an: Beim Elternabend können die Eltern eine Aktion, die mit Fotos dokumentiert ist, mit dem gleichen Materialarrangement wie ihre Kinder nacherleben.

## Material:

Poster mit Fotos, die Angebote in ihren Phasen zeigen, Erläuterungstexte, die zu pädagogischen Zielen Stellung nehmen, Filme für die Vorführung beim Elternabend

# So arbeiten wir: Planung präsentieren

Methode

## Gute Frage:

Dass Erzieherinnen ihre Arbeit genauso strukturiert planen wie man das von Lehrern erwartet, möchte ich auch gerne einmal den Eltern zeigen. Aber wie?

## So geht's:

„Aus dem Ärmel geschüttelt" – so entsteht die Planung in der Krippe längst nicht mehr. Um Eltern sichtbar zu machen, wofür die Erzieherin Vorbereitungszeiten braucht, und gleichzeitig einen Einblick in aktuelle Vorhaben zu geben, ist es eine gute Idee, konsequent Planungsposter auszuhängen. Dafür braucht es wenig! Nur einen festen Platz für das Material, mit dem wir unsere Arbeit planen, eine leserliche Handschrift und vielleicht ein wenig Freude am Dekorieren des Planes. Gut geeignet ist der im Kapitel „Planung" vorgestellte Lotus-Plan, der gleichzeitig ein Grundprinzip der Planung in der Krippe vermittelt: Wir planen viele Möglichkeiten voraus, um von all den Ideen diejenigen realisieren zu können, die die Kinder gerade besonders interessieren.

## Material:

Planungsposter, Wochenplan auf entsprechender Pinnwand-Fläche

# Drei Beispiele für in die Irre leitende Dokumentationen

## Statt Pausen-Clown ernsthafte Ziele offenlegen

*„Wir haben jeden Tag ganz viel Spaß zusammen!", steht als Überschrift auf dem in der Garderobe hängenden Dokumentationsposter, und die Fotos von lachenden Kindern beim Parkspaziergang unterstreichen diese Aussage. Ähnlich wohl gestimmt war auch das vorherige Poster zum Thema „Fasching" mit verkleideten Kindern und Erziehern. „Den Job möchte ich auch mal haben", denkt Leonies Mutter, nachdem sie sich über die lustigen Fotos gefreut hat. „Ich weiß gar nicht, warum die Erzieherinnen immer so oft über ihren anstrengenden Job maulen...".*

Klar, Eltern gibt es ein gutes Gefühl, wenn ihr Kind in der Krippe Freude hat. Und die Grundlage für eine gelingende Erziehungsarbeit ist zweifellos, dass die Kinder sich wohlfühlen. Wenn die Dokumentation in der Krippe darauf verzichtet, sichtbar zu machen, wie der Lerneifer der Kinder herausgefordert wird, wenn also pädagogische Arbeit gar nicht sichtbar gemacht wird, dann müssen sich Erzieherinnen nicht wundern, wenn sie bei all dem „Spaß" nicht besonders ernst genommen werden.

## Gebasteltes ist keine Dokumentation

*„Die Eltern müssen doch wenigstens irgendwas Greifbares mitkriegen!", denkt Birgit, die sich für heute entschlossen hat, doch wieder ein Muttertagsgeschenk mit den Kindern herzustellen. Die Ergebnisse entsprechen Birgits heimlichen Befürchtungen: Die beklebten Bilderrahmen von Leo, Hans und Janne zeichnen sich vor allem durch ein Muster aus lauter Klebefingern aus. Den besten Rahmen wird Annikas Mutter erhalten. Weil die Kleine schon nach den ersten beiden Papierfetzen die Lust am Kleben verlor und Birgit den Rest erledigen musste. Später, bei der Übergabe des Geschenkes, scheint sie völlig vergessen zu haben, dass sie überhaupt daran mitgewirkt hat. „Wenn das alles ist, was die Kinder können...", denkt Jannes Mutter angesichts des Muttertagsgeschenks. Ihre hohe Meinung vom Bildungsanspruch der Krippe wird durch die wenigen Handgriffe, die zum Bekleben des Rahmens nötig scheinen, kontrastiert. Und wie entsorgt sie diesen Gegenstand bloß unauffällig, ohne dass das Kind das merkt?*

Kleinkinder haben kein Verhältnis zum Herstellen von Dingen, denn ihre Tätigkeiten dienen keinen fernen Zielen, sondern bleiben im Hier und Jetzt. Es ist wichtig, den Eltern genau diese Tatsache zu vermitteln! Und deswegen ist es kontraproduktiv, wenn wir ihnen durch allerlei Basteleien, die „in Zusammenarbeit" mit den Kindern entstehen, etwas anderes vormachen.

## Sachlich heißt nicht technokratisch

*„Wir müssen einfach klar machen, dass wir die wahren Experten für Kinder sind!" Hanne hat nach der letzten Fortbildung beschlossen, professioneller aufzutreten. Wie wird sie den nächsten Aushang formulieren? Vielleicht so: „Heute haben wir Ihr Kind wieder mit vielfältigen Spielanreizen versorgt, um seine Eigenaktivität anzustacheln und ko-konstruktive Prozesse in Gang zu setzen." „Von Ko-Konstruktion könnse reden, aber den Kindern mal beizubiegen, wie man anständig Mittag isst, dafür sind se sich zu fein!", schimpft Chantals Mutter, die sich von Fremdwörtern eher eingeschüchtert fühlt.*

Auch wenn die zum Glück ausgedachte Hanne etwas übertrieben agiert: Immer wieder kann man in Kindereinrichtung den Trend feststellen, dass im Zuge der Professionalisierung des Erzieherberufs auch Dokumentationstexte immer fachwortreicher werden. Nun ist es zu begrüßen, dass Erzieherinnen auf fachlich hohem Niveau untereinander sprechen. Aber Eltern haben trotzdem das Recht, mit einfachen klaren Worten angesprochen zu werden. Schon deswegen, weil das, was die Pädagogen den Eltern vermitteln wollen, im Grunde ganz klar und einfach ist. Übertriebene Formulierungen machen diese einfache Sache schnell zu etwas Verdächtigem.

Goldene Regeln

## Gute Eltern-Dokumentation

Denke darüber nach, was deine Arbeit ausmacht. Überlege, was du gern Eltern von deiner Arbeit mitteilen möchtest. Denke nach, welches Wissen für Eltern nützlich sein könnte. Versuche, diese Dinge in deiner Dokumentation einzubringen.

Betrachte das Ergebnis mit den Augen der Eltern: Welch einen Eindruck hinterlässt es?

Betrachte und untersuche deine Dokumentationen auch mit den Augen der Kinder: Was können die Kinder verstehen, welche Bilder oder Objekte können für sie Anlass sein, durch Gesten oder wenige Worte Gespräche mit den Eltern in Gang zu setzen? Wie kannst du ihre Art des Wahrnehmens mit allen Sinnen in Dokumentationen berücksichtigen?

Dokumentiere so, dass die Betrachter neugierig auf das Geschehene werden. Eine gute Dokumentation muss nicht alle Fragen der Eltern beantworten, sondern neue Fragen bei den Eltern ergeben – und damit zu einem Auslöser für Gespräche über die Arbeit in der Krippe werden.

Versuche, auch das scheinbar Banale, Alltägliche zum Thema zu machen. Denn oft ist es gerade in der Krippe viel aufschlussreicher, pädagogische Vorgehensweisen und Hintergründe zu erfahren.

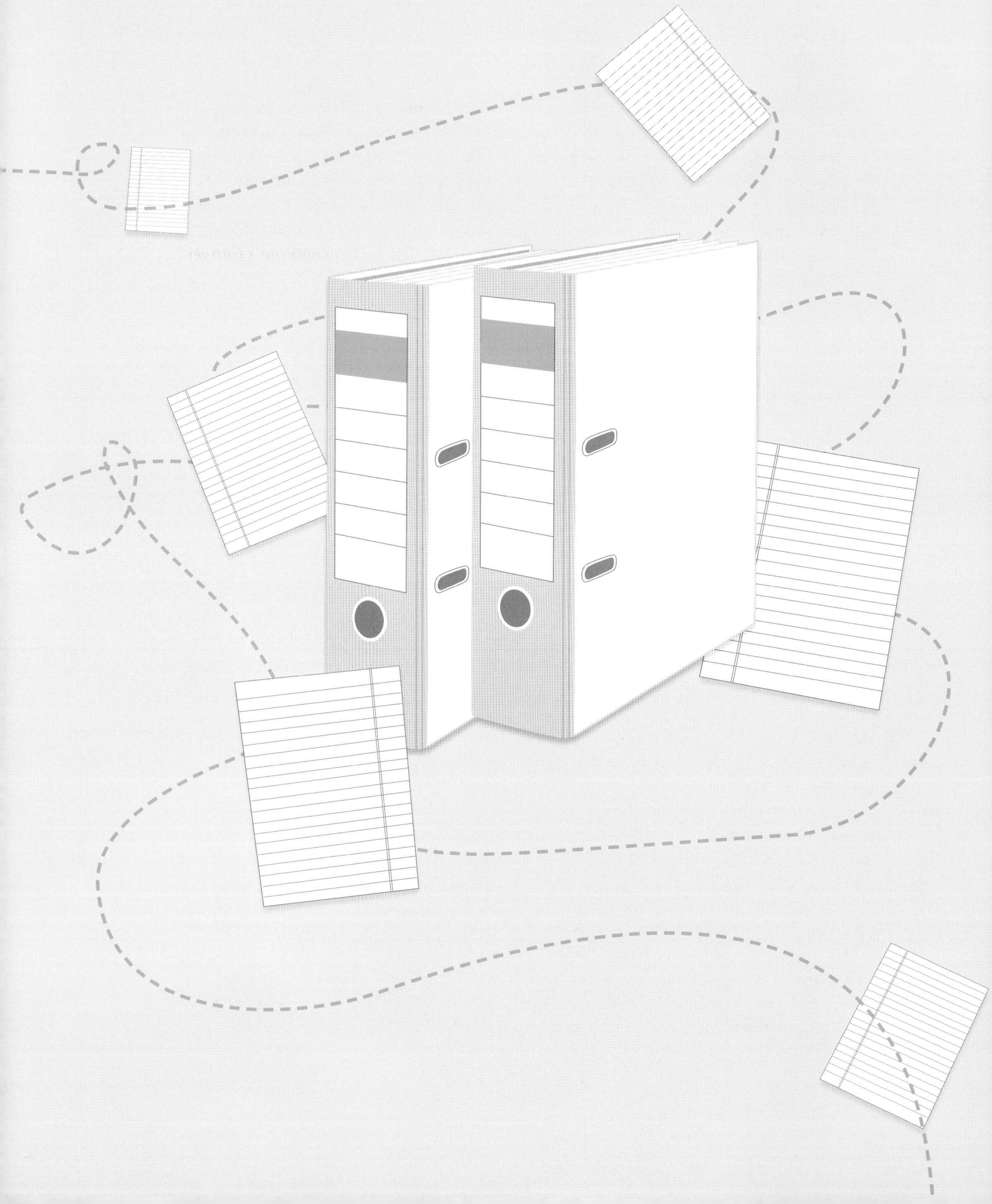

# Portfolios in der Krippe

*Leos Portfolio hat ein neues Blatt: „Geschafft, gelernt!" steht darüber. Ein Foto zeigt Leo mit stolz erhobenem, bestrumpften Bein, und der Text erklärt: „Du kannst dich alleine anziehen! Am Anfang hast du lange geübt, Socken anzuziehen, aber plötzlich ging es ganz schnell!" Datum und Unterschrift halten das denkwürdige Ereignis fest. Bald kommt noch ein ähnliches Blatt hinzu: „Geschichten von dir". Es zeigt Leo daheim vor seinem Klamottenschrank, und sein Vater hat dazu getextet: „Wir wussten lange nicht, dass du dich schon anziehen kannst. Aber letzten Sonntag hast du dir heimlich alle Sachen selbst angezogen!" Ein genauer Blick auf's Foto verrät, dass Ärmel- und Kopfloch dabei noch vertauscht wurden – lustig und trotzdem eine tolle Leistung.*

*Auch die Geschichte mit der Katze landet im Portfolio vieler Kinder. Zum Beispiel als Kritzelblatt, zu dem ein kurzer Erzähltext geheftet wurde, der wiedergibt, was Samira beim Zeichnen gesagt hat. Der Text des „Katzentanzlieds" ist abgeheftet wie auch ein Foto, bei dem sie einen dicken Kater streichelt: „Erst hattest du richtig Angst, aber dann hast du dich doch getraut, Oskar zu streicheln!"*

Wozu dienen Portfolios? Oft beschreibt man sie als ein Instrument, um die Entwicklung eines Kindes individuell zu dokumentieren. Eine Aufgabe, die man theoretisch auch mit ein paar Entwicklungstabellen erfüllen könnte. Gut, dass man es in der Regel nicht bei dieser trockenen Aufgabe bewenden lässt und Pädagoginnen versuchen, im Portfolio möglichst viel von den Emotionen einfließen zu lassen, die mit der Betreuung von Kleinstkindern einhergehen. Schließlich ist ein gutes Portfolio viel mehr als das, was man mit dem umständlichen Wort „Dokumentation" sagen kann: Ein Buch, das die Geschichte der Entwicklung eines Kindes erzählt und bebildert. Ein Medium, dass Eltern und Pädagogen zusammen führt, um sich gemeinsam über kindliche Leistung zu freuen. Ein Spiegel, den sich das größer werdende Kind vorhalten kann, um etwas über sich selbst zu erfahren. Um ein solches Buch zu werden, dass die Eltern nach der Krippenzeit wohl ab und zu mit Rührung durchblättern, sollte das Portfolio unter Beachtung der folgenden Grundsätze entstehen: Erstens soll es kein Buch der Erzieherin sein, sondern eines, das zwar von den Pädagogen verwaltet wird, aber zu dem die Kinder und Eltern gleichberechtigt etwas beisteuern. Auf diese Weise drückt es aus, dass die Begleitung des Entwicklungsprozesses eines Kindes gemeinsame Sache der Erziehungspartner ist. Zweitens soll es anschaulich sein, mit klaren Worten etwas über Entwicklung erzählen, statt durch gehobenes Fachchinesisch Eltern und Kind fernzuhalten. Drittens soll es ein durchweg positives Buch sein: Ziel ist es, stolz auf Erreichtes zu machen, nicht Sorge um Unerreichtes zu erzeugen. Über das, was ein Kind noch nicht kann, mag man sich unterhalten – aber wenn ein Defizit erst einmal schwarz auf weiß zu lesen ist, wird daraus schnell eine schwer zu entkräftende negative Einschätzung.

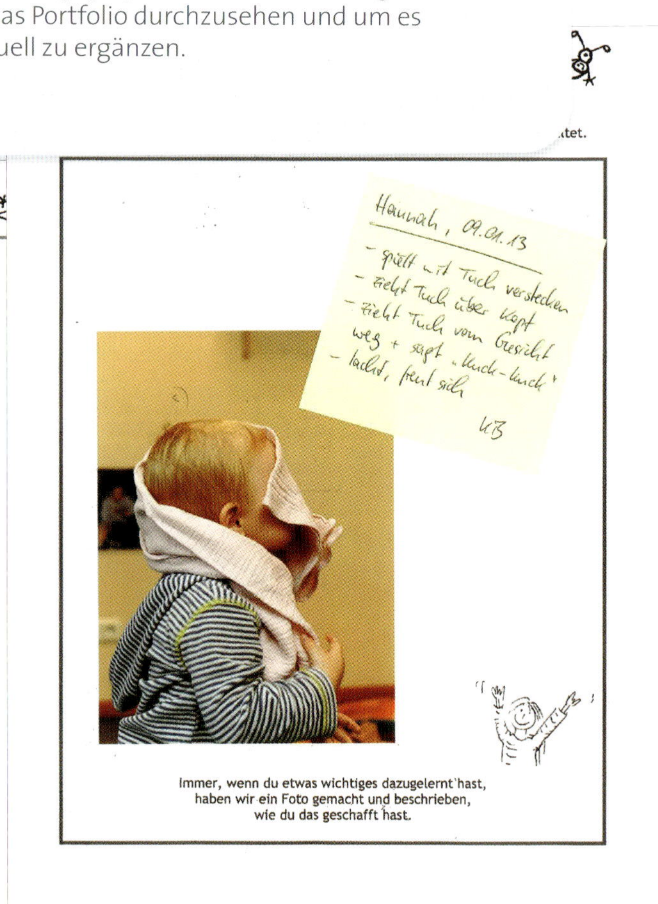


Auf einen Blick

# Portfolioarbeit

## Ziel:

Den Eltern zeigen, wie ihr Kind sich entwickelt - und was wir dafür tun, was aber auch die Eltern dafür tun können.

## Material:

Portfolio-Ordner für jedes Kind, aufbewahrt im Gruppenraum

Vorgefertigte Portfolio-Formblätter zu verschiedenen Themen, bereitliegend für schnellen Einsatz

Digitalkamera, Computer, evtl. Schere und Kleber, Klarsichthüllen

## Aktionsformen:

Vorbereitungszeiten innerhalb und außerhalb des Gruppenalltags, um Fotos zu machen, Texte zu verfassen und im Portfolio festzuhalten sowie Portfolios auf Vollständigkeit zu überprüfen.

Entwicklungsgespräche mit Eltern, um gemeinsam das Portfolio durchzusehen und um es eventuell zu ergänzen.

# Das Portfolio

## Gute Frage:

Wie erfasse ich das komplexe Geschehen der Entwicklung eines Kindes in einer einfachen, verständlichen und positiven Form?

## So geht's:

Für ein gutes Portfolio braucht man einen Aktenordner, viele Klarsichthüllen, damit das Kind selbst darin blättern kann, ohne gleich die Seiten auszureißen, Platz zum Lagern des Ordners, dort, wo Eltern es wiederfinden, um darin zu blättern, vorbereitete Dokumentationsseiten, Fotoapparat und natürlich Zeit zum Erstellen der Blätter.

Fotos und Texte sollten sich auf den Portfolioblättern immer gegenseitig ergänzen. Bilder vermitteln die Emotionen des Kindes, illustrieren die dokumentierten Entwicklungsschritte und Texte berichten dazu, was dort eigentlich für eine Handlung zu sehen ist. Es ist gut, sich auf eine einheitliche Ansprache im Portfolio mit allen Mitwirkenden, also auch den Eltern, zu einigen – zum Beispiel auf die „Du-Form“: „Hier zeigst du, dass du schon Treppe steigen kannst“. Unschön wirkt es, aus der Sicht des Kindes zu schreiben, weil das Kind ja altersgemäß seine eigenen Erlebnisse niemals so beschrieben hätte und wir über dessen Emotionen ohnehin nur mutmaßen können.

## Folgende Formblätter bieten sich an:

### Ich-Blätter, die etwas aus dem Leben des Kindes erzählen

Ich-Blätter wie „Hier bist Du gerne“, „Diese Dinge magst du gerne“ erzählen etwas über den Alltag des Kindes daheim und in der Krippe. Ein Blatt namens „Wo ich schon einmal war“ mögen Eltern, um gemeinsame Reisen ins Portfolio einfließen zu lassen, während Blätter wie „Ein Krippentag“ mit mehreren Fotos von wichtigen Tagesstationen erzählen, was den Krippenalltag des Kindes prägt.

### Blätter, die über wachsende Fähigkeiten berichten

Auf Blättern wie „Du lernst laufen“ oder „Deine ersten Wörter“ können zentrale Entwicklungsprozesse im Krippenalter dokumentiert werden, mit Bilderserien wie beim Laufenlernen oder mit Wort-Protokollen bei den ersten 20 Wörtern.

### Blätter, die vom Tun des Kindes künden

„Was Du gerade untersuchst“ oder „Was du gerade gerne spielst“ könnten Blätter heißen, auf denen per Foto und Text gezeigt wird, mit welchen Tätigkeiten sich das Kind gerade intensiv beschäftigt. Eltern mögen beim Durchblättern dafür interessiert werden, warum das Kind diese Dinge tut, und das Kind selbst wird später ungläubig erfahren, was es damals für seltsame Dinge getan hat. Auch Beobachtungen können auf solchen Blättern dokumentiert werden.

### Blätter, die Lernschritte beschreiben

„Geschafft! Gelernt!“-Seiten dienen dazu, große Lernschritte des Kindes festzuhalten – und durchaus auch ein wenig zu feiern. Gut ist die „Du-kannst“-Form, um den Entwicklungsschritt zu beschreiben.
Es ist sinnig, solche Blätter maßvoll einzusetzen: Ein Blatt mit der Fotobeschriftung „Ich kann jetzt alleine stehen“ dokumentiert zweifellos einen Entwicklungsschritt, der große Bedeutung für das Kind und seine Begleiter hat. Blätter mit dem Text „Ich kann schon beim Lied Hänschenklein den Rhythmus mitklopfen“ deuten eher auf eine zweifelhafte Vorstellung von Entwicklungsschritten hin – bitte weglassen.

Methode

# Zwischendurch ist Portfoliozeit

### Gute Frage:

Portfolio bedeutet viel Arbeit für mich – wie gewinne ich Zeit dafür?

### So geht´s:

Portfolios herzustellen macht viel Arbeit. Zu der gedanklichen Arbeit „Was kommt da rein, wie könnte ich es aufbereiten?" kommt eine Menge Handarbeit: Bilder aussuchen, Blätter beschreiben, bekleben, in Hüllen stecken, einheften. Schon aus Zeitgründen ist es gut, nicht all diese Schritte in häuslicher Arbeit zu verrichten, sondern in ruhigen Momenten im Alltag.

Ein positiver Nebeneffekt, wenn Sie Momente konzentrierten Spiels ihrer Kinder nutzen, um Portfolios zu vervollständigen, ist es, dass die Kinder von Anfang an dafür interessiert werden. Sie werden mit Interesse verfolgen, wie Bilder von ihnen aufbereitet und in diesem „Bilderbuch" versammelt werden. Ganz von allein wächst das Interesse, sich den Ordner einmal zeigen und vorblättern zu lassen. Und so beginnt das Kind, über seine eigene Entwicklung nachzudenken und nachzufragen.

### Material:

Vorbereitete Blätter, Kiste für selbst oder vom Fotoservice ausgedruckte Bilder, Schere, Kleber, Ablagekorb

# Portfolioarbeit mit Eltern

### Gute Frage:

Portfolio macht auch Anderen Arbeit – wie bekomme ich Eltern dazu, mitzuarbeiten?

### So geht´s:

Einige Eltern begreifen von Anfang an die Portfolioarbeit als Angebot, selbst tätig zu werden, während anderen dazu Zeit und Lust fehlen. Eine gute Motivationshilfe ist es, die Eltern in geeigneten Momenten an das Portfolio heranzuführen: Händigen Sie auf dem ersten Elternabend allen Eltern einen Hefter mit Portfolioblättern aus und stellen Sie in einem kleinen „Kurs" vor, wozu und wie man auf diesen Bögen in Wort und Bild die Entwicklung des eigenen Kindes festhalten kann.

Oder laden Sie zu einem Portfolionachmittag ein, an dem die Eltern Fotos ihres Kindes mitbringen sollen, um gemeinsam die Portfolioblätter zu bekleben und auszufüllen. Natürlich sollten Sie auch Fotos der Kinder aus ihrer Arbeit bereithalten. Für die Eltern ermöglicht der Termin, ohne großen Aufwand Portfolioblätter zu füllen. Und außerdem ist die vertraute Runde beim Basteln eine hervorragende Gelegenheit, so manche „dumme Frage" loszuwerden, die einem immer schon unter den Nägeln brannte. Für Erzieherinnen ist ein solcher Nachmittag in vielerlei Hinsicht ein Gewinn: Die Portfolios in ihrer Gruppe füllen sich und es bleibt noch Zeit, um eigene Blätter hinzuzuführen. Vor allem können Sie spüren, dass Sie an Nachmittagen wie diesem in den Augen der Eltern einen Rollenwechsel durchlaufen: Von der Betreuerin zu einer Entwicklungsexpertin.

### Material:

Vorbereitete Blätter, Kiste für selbst oder vom Fotoservice ausgedruckte Bilder, Schere, Kleber, eventuell kleiner Vortrag zum Sinn der Portfolioarbeit

# SEITE FÜR DICH

Name: Datum:

Das mag ich an dir:

Das wünsch ich dir:

Unterschrift

Auf diesem Blatt haben wir für dich gute Wünsche festgehalten, als ein Brief, den wir dir in die Zukunft schicken!

Methodenbox in der Krippe I ISBN 978-3-942334-25-9 I © Verlag Bananenblau UG (haftungsbeschränkt) I Arkonastraße 45-49 I 13189 Berlin I www.bananenblau.de

# Übersicht über die Portfolioarbeit

## Gute Frage:

Wie erreiche ich, dass ich alle wichtigen Schritte bei jedem Kind dokumentiere?

## So geht´s:

Laufen lernen, erste Worte, Treppen steigen, selbstständig essen: Es gibt eine Menge Lernschritte im Krippenalter, die man einfach nicht zu dokumentieren vergessen sollte. Um bei jedem Kind solche Momente für das Portfolio einzufangen, empfiehlt sich eine Liste zum Abhaken – mit allen Kindernamen und den wichtigsten Kompetenzen, die unbedingt ins Portfolio gehören. Gut ist es, diese Liste im Raum liegen zu haben und das notwendige Dokumentationswerkzeug (Digitalkamera, Stift, Block) gleich daneben aufzubewahren.

## Material:

Liste „Unbedingt dokumentieren fürs Portfolio“, Notizblätter auf Block oder Klemmbrett, Digitalkamera

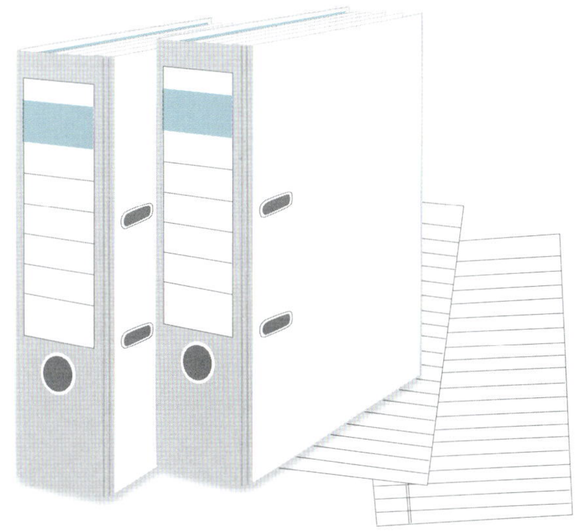

UNBEDINGT DOKUMENTIEREN FÜR DAS PORTFOLIO

| Name Kind | Kompetenz<br>Zweiwortsätze | Gegenstände benenne | Punkte male | Kreise male | Wechselschritt | sicheres Eingieße |
|---|---|---|---|---|---|---|
| Maxi | ✓ 2.11.12 | ✓ 10.10.12 | | | | |
| Ole | | ✓ 15.1.13 | ✓ 3.12.12 | ✓ 22.1.13 | | |
| Jannis | | ✓ 18.1.13 | ✓ 3.12.12 | ✓ 29.1.13 | | |
| Tim | | ✓ 4.12.12 | ✓ 3.12.12 | ✓ 22.1.13 | | |
| Samira | ✓ 4.12.12 | ✓ 2.11.12 | | | | |
| Helena | | ✓ 3.12.12 | | | | |
| Cem | | ✓ 21.11.12 | | | ✓ 10.1.13 | |
| | | | | | | |
| | | | | | | |
| | | | | | | |
| | | | | | | |

Methodenbox in der Krippe I ISBN 978-3-942334-25-9 I © Verlag Bananenblau UG (haftungsbeschränkt) I Arkonastraße 45-49 I 13189 Berlin I www.bananenblau.de

# UNBEDINGT DOKUMENTIEREN FÜR DAS PORTFOLIO

| Name Kind | Kompetenz | | | | |
|---|---|---|---|---|---|
| | | | | | |
| | | | | | |
| | | | | | |
| | | | | | |
| | | | | | |
| | | | | | |
| | | | | | |
| | | | | | |
| | | | | | |
| | | | | | |
| | | | | | |

# Lösungen für typische Fehler im Umgang mit dem Portfolio

## Statt Portfolio-Reihenuntersuchung: Sinnvolle Arbeitshilfen nutzen.

*Helga hat die Sache mit der Portfolioarbeit, die ihr zunächst über den Kopf zu wachsen schien, inzwischen gut in den Griff gekriegt: „Ich habe mir eine Liste gemacht, welche Entwicklungsschritte ich in nächster Zeit dokumentieren möchte. An einem bestimmten Tag habe ich dann meine Digitalkamera dabei und fotografiere alle Kinder, wie sie die neu erworbene Tätigkeit anwenden. Dann klebe ich jedem sein Foto auf das ganz oft kopierte Blatt mit dem Text!" Ergebnis sind gut gefüllte Portfolios – freilich auch solche, die die Eltern irgendwann nebeneinander legen und feststellen: „Alle Kinder haben am gleichen Tag laufen gelernt? Unfug! Was soll daran individuell sein?"*

Jedes Kind lernt irgendwann laufen – warum nicht einfach abwarten, bis alle es können, und dann in einem Rutsch die Bilder machen? So praktisch das klingt: Es widerspricht dem Prinzip einer individuellen Entwicklungsdokumentation. Jedes Kind erreicht irgendwann die üblichen Entwicklungsschritte, aber nicht der Fakt, dass es sie erreicht, ist dokumentierenswert, sondern die Frage, wie es diesen erreicht hat. Dazu braucht es ein aktuelles Bild und einen Text, der den Moment des „Kompetenzerwerbs" in Erinnerung hält: „So ging es dir damals".

Trotzdem ist die Idee, sich die Arbeit zu vereinfachen, nicht ganz verkehrt. Wenn Helga die vorgestellte Liste benutzt, Kamera und Notizblock bereithält, reduziert sie den Aufwand für Dokumentationen im Portfolio auch, nur ohne den merkwürdigen Charakter einer Reihen-Untersuchung.

## Statt aufs Defizit zu blicken: Stärken beschreiben

*Hannes hätte vielleicht auch Personalsachbearbeiter werden können, bei seiner Hingabe für objektive Bewertungen: „Leonie, du hast gelernt, selbstständig zu Essen. Im Vergleich zu den anderen Kindern gelingt dir das Handhaben mit dem Löffel noch nicht so gut, und du wirst dann schnell wütend, wenn es nicht klappt." Leonies Mutter, die ohnehin dazu neigt, die Entwicklung ihrer Tochter mit Ungeduld zu verfolgen, betrachtet das Portfolio mit Sorge. „Ab sofort üben wir mit Leonie das mit dem richtigen Essen", sagt sie zu ihrem Mann.*

Objektiv zu sein heißt, auch um die negativen Seiten nicht drum herum zu reden? Im Bezug auf die Portfolioarbeit stimmt dieser Satz nicht. Wenn es das Ziel der Portfolioarbeit ist, das Vertrauen in die Entwicklung eines Kindes zu fördern und dessen Kompetenzen sichtbar zu machen, gehören Vergleiche zu anderen wie auch vermeintliche Entwicklungsrückstände nicht dort hinein. Im Gespräch mit den Eltern gibt es besser geeignete Mittel, um auch über das zu sprechen, was besonderer Förderung bedürfen könnte. Was schwarz auf weiß im Portfolio steht, sollte immer positiv sein – schon, weil es später einmal dem Kind, wenn es dieses Buch selbst lesen kann, etwas über seine Stärken erzählen soll, statt auf vermeintliche Defizite zu zeigen.

## Statt das Kind sprechen zu lassen: Ihm etwas erzählen

*Bettinas Portfolios sind dafür bekannt, dass die Fotos in ihnen mit dem Betrachter zu sprechen scheinen: „Schaut mal, wie gut ich schon laufen kann!", verkündet auf dem Foto die ein-*

*jährige Sofia. Und der zweijährige Jim scheint laut Sprechblase zu sagen: „Ganz schön anstrengend, aber jetzt klappt es: Ich komme jetzt schon ohne Muttis Hilfe die Treppe hoch!" Einige Jahre später liebt es die nun fünfjährige Sofie, sich in ihre Kleinkindzeit zurück zu versetzen. „Da stehe ich und sage Mama, dass ich schon so gut laufen kann, oder?", fragt sie gerade ihre Erzieherin, mit der sie das alte Portfolio betrachtet.*

Was denkt ein Kind, das noch kaum sprechen kann? Sicherlich nicht das, was manche Erwachsenen ihm in wohlgemeinten Sätzen unterstellen. Zu einem sachlichen Portfolio gehört, dass wir beschreiben, was man sehen und erleben kann, statt fantasievoll auszuschmücken, was keiner weiß.

## Statt eigenen Angeboten große Lernschritte der Kinder zeigen!

*Hanne hat mit der Kindergruppe den Schneeflockentanz eingeübt, und den können sie jetzt alle sehr gut. Also macht sie von jedem Kind ein Foto und textet: „Du kennst den Schneeflockentanz und kannst dich dazu bewegen!". Auch in Jims Portfolio findet sich solch ein Blatt neben anderen Blättern, die ebenfalls Angebote dokumentieren, an denen alle Kinder teilgenommen haben. Hanne findet es praktisch: Die Bilder hat sie ohnehin auch für die Dokumentation ausgedruckt. Jims Eltern freut das Blatt – aber es wundert sie auch: Zuhause tanzt der Junge ungern.*

Es ist schön, wenn Erzieherinnen gerne ihre Angebote präsentieren – aber das Portfolio ist nicht der rechte Ort dafür. Gute Projekte sollen Eltern in der Dokumentationsecke plastisch vorstellbar gemacht werden, wie im entsprechenden Kapitel beschrieben. Wohingegen im Portfolio das gezeigt werden soll, was dadurch beim Kind angeregt wurde. Wenn dieses durch ein Lernangebot zu neuen Kompetenzen gelangt ist, kann auch ein Angebot präsentiert werden. Aber in der Regel zeigen sich große Entwicklungsschritte eher außerhalb von geplanten Beschäftimgungen.

**Goldene Regeln**

## Für gute Sprache im Portfolio

Verwende klare und einfache Worte. Vermeide Fachbegriffe, denn das, was das Kind tut und lernt, ist wichtig. Vermeide verniedlichende Worte, denn dem Kind ist das Lernen ernst und bedeutungsvoll.

Beschreibe, was das Kind gerade gelernt hat. Schreibe nicht über das, was es noch nicht kann, schreibe nicht über das, was andere im gleichen Alter lernen.

Beschreibe Hürden, die das Kind gemeistert hat, nicht solche, an denen es scheitern könnte.

Beschreibe Lernschritte, die das Kind sicher gemeistert hat. So sicher, dass es sie überall im Leben anwenden kann. Lernschritte, die nur bei bestimmten Angeboten anwendbar sind, vielleicht nur dir zuliebe funktionieren, haben für das Erleben des Kindes keinen Wert.

Schreibe nicht aus der Ich-Perspektive, wenn es das Kind nicht diktiert. Schreibe nicht von Gedanken, Absichten und Gefühlen, die nicht eindeutig beweisbar sind. Vermeide auch die Wir-Perspektive, wenn es nicht die gemeinsame von euch und den Kindern ist.

# Voraussetzungen für entwicklungsbegleitendes Arbeiten

*Im letzten Kapitel des Buches gehen wir der Frage nach, welche Voraussetzungen es braucht, um die eigene Arbeit als Entwicklungsbegleitung zu gestalten. Das Kapitel soll zeigen: Es kann nicht alleine die Aufgabe der Erzieherin sein, gute Arbeitsbedingungen für all die sinnvollen Instrumente um Beobachtung und Dokumentation zu schaffen. Aber es gibt viele Punkte, an denen jede einzelne Erzieherin beginnen kann, etwas dafür zu tun, dass in ihrer Gruppe und der ganzen Krippe die Methoden eingeführt werden, die nach kurzer Einarbeitungsphase die Arbeit vereinfachen und verbessern.*

„In der Theorie", klagen Erzieherinnen immer wieder, „klingt die Sache mit der Beobachtung, Planung und Dokumentation, wie sie auch hier in diesem Buch vorgeschlagen wird – sehr überzeugend. Aber in der Praxis fehlt es an allem dafür – zuallererst an Zeit!" Es ist ein wenig Mode geworden, bei der Frage, warum oft wenig von diesen allgemein akzeptierten Methoden umgesetzt wird, die mangelnde Zeit als Verursacher vorzuschieben. Ebenfalls beliebt ist es, den schwarzen Peter zwischen Theoretikern und Erzieherinnen hin und her zu schieben. Die machen das nicht, obwohl sie könnten und müssten! Die fordern etwas von uns, was in der Praxis gar nicht geht!

Woran liegt es, dass manche Krippe um Beobachtung, Portfolio und Co noch einen großen Bogen macht? Die Erfahrung zeigt, dass es nicht nur eine Sache des guten Willens ist, ob zeitgemäße Methoden angewendet werden. Viele Erzieherinnen fühlen sich mit der Forderung, jetzt mal diese neuen Methoden anzuwenden, ziemlich alleine gelassen. Sie brauchen aber Unterstützung dafür, all dieses zu machen. Sie brauchen Ressourcen für diese Tätigkeiten, zum Beispiel in Form von Vorbereitungszeiten und geeigneten Materialien.

## Ein paar Beispiele für Stolpersteine:

- Es fehlt an Material, um Fotos zu machen, sie auf Poster und Portfolios zu kleben und gleichzeitig ist für die Beschaffung all dessen nicht genug Geld eingeplant.
- Die Arbeitszeit lässt keine ausreichenden Vorbereitungszeiten zu, oder der Arbeitstag ist gefüllt mit so vielen Aufgaben, dass kein Freiraum für kindferne Arbeiten bleibt.
- Ein Teil der Kolleginnen lehnt es ab, „so viel Zeit" für das Sprechen über die Kinder aufzuwenden, denn „bisher ist es doch auch so gegangen!"
- Es gibt schlicht weg keinen Arbeitsraum, der den Bedürfnissen von Erwachsenen entspricht und in dem die Erzieherinnen in Ruhe arbeiten können.
- Es fehlt an Computern, funktionierenden Druckern und anderen technischen Hilfsmitteln.

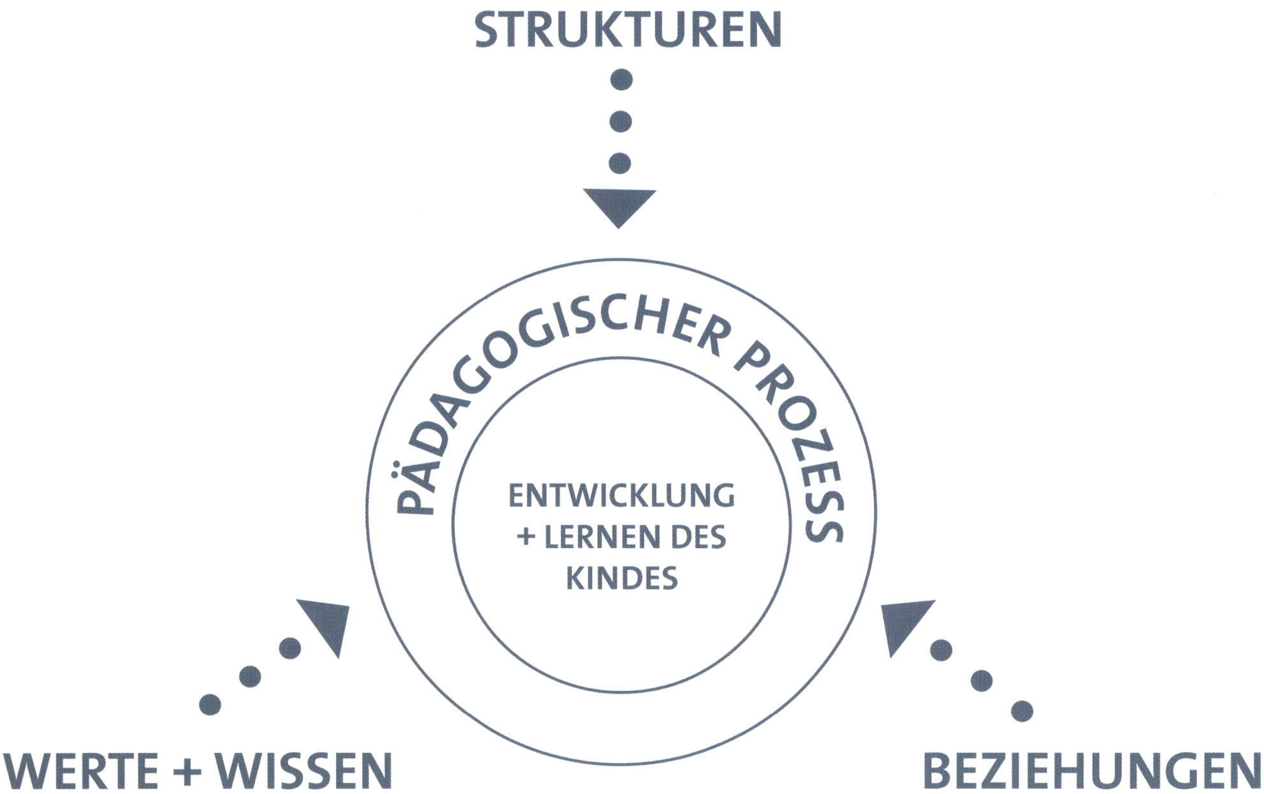


Vor allem die folgenden drei Faktoren sind es, die eine Rolle spielen, wenn es um die Frage geht, ob pädagogische Prozesse erfolgversprechend stattfinden oder nur mühsam von der Hand gehen. Sie entscheiden über Erfolg oder Misserfolg des pädagogischen Prozesses.

### Erster Faktor: Die Strukturen der Einrichtung

Wie groß ist die Krippe? Welche Räume gibt es? Wie viele Personen arbeiten mit wie vielen Kindern? Gibt es Ateliers, Musikräume, Platz für Bewegung? Sind die Sanitäranlagen für Kinder geeignet? Finden die Pädagogen gute Arbeitsbedingungen vor, die es ihnen ermöglichen, ohne große körperliche und seelische Belastung mit den Kindern zu arbeiten? Welche Instrumente zur pädagogischen Beobachtung und Dokumentation existieren?

### Zweiter Faktor: Werte und Wissen

Wie gut ist das Personal ausgebildet? Welche eigenen Werte und Ideen bringen die Pädagogen mit? Wie denken sie über Krippen, Kleinkinder, Familien? Was wissen die Pädagogen über die Kinder? Wie wird dieses Wissen aufbereitet, ausgetauscht und reflektiert?

### Dritter Faktor: Beziehungen

Wie gut ist die Atmosphäre in der Einrichtung? Wie intensiv werden Beziehungen gepflegt? Wie gehen Erzieher miteinander um? Wie ist das Verhältnis zu den Eltern, der Eltern untereinander und unter den Kindern?

# Erster Faktor: Strukturen – So können wir gut arbeiten!

### Liste notwendiger Arbeitsstrukturen

Genaue Zuordnung, welche Erzieherin für welche Kinder zuständig ist

Festgelegte Vorbereitungszeit einmal pro Woche

Vorhandene Materialien im Gruppenraum (z. B. Klemmbrett mit Beobachtungsformularen, Klebezettel, Notizbuch, Whitebord, Stifte)

Fotoapparat mit Videofunktion

Sinnvoll eingerichteter Erzieherarbeitsraum, PC mit allen notwendigen Programmen, Drucker

sinnvoll organisierte Speicherstruktur auf dem PC

ein nutzbarer Erwachsenenarbeitsplatz, Papier, Kleber, Scheren

Organisation von notwendigem Support, damit PC und Fotoapparate funktionieren, Kleber und Stifte vorhanden sind

Sichere und personenbezogene Aufbewahrungsmöglichkeit für Dokumentationen und Planungen

Sinnvolle Sitzungsstruktur für die pädagogische Planung

Pädagogisches Austauschlager, in welchem sich vielfältige Materialien sortiert und leicht auffindbar befinden und auf das jede Erzieherin jederzeit leicht Zugriff hat

Gute Arbeitsstrukturen sind notwendig, um erfolgreich nach den Methoden der Beobachtung, Planung und Dokumentation arbeiten zu können. Als Erzieherinnen sollten Sie sich dafür einsetzen, dass die folgenden Rahmenbedingen gegeben sind, um eine optimale Grundlage für Beobachtung, Dokumentation und Planung zu haben. Es lohnt!

### Das Bezugserzieherinnensystem

Welchen Kindern gilt mein besonderes Augenmerk? Über welche Kinder muss ich besonders gut Bescheid wissen und bin für deren Unterstützung verantwortlich? Eine gute Voraussetzung für alle hier vorgestellten Planungsmethoden ist die Aufteilung der Kinder nach Verantwortlichkeit unter den Erzieherinnen in der Gruppe. Man spricht vom Bezugserzieherinnensystem.

Mit dem Bezugserzieherinnensystem kann sich jede Erzieherin so auf eine begrenzte und überschaubare Anzahl von Kindern konzentrieren. In den meisten Krippen arbeiten zwei bis drei Personen mit 15 oder 20 Kindern zusammen. Damit wäre eine Erzieherin Bezugspädagogin für 5 bis 7 Kinder.

### Ein Wissens-Pool über die Entwicklung der Kinder

Die Bezugserzieherin weiß viel über die Entwicklung und all die individuellen Besonderheiten jedes der ihr anvertrauten Kinder. Doch was wissen die Kolleginnen über das Kind, und woher bekommen sie Informationen, falls die jeweilige Bezugserzieherin nicht da ist oder keine Zeit hat? Krippen, in denen die Entwicklungsbegleitung Teamsache ist, brauchen einen Ort, wo alle Informationen über das Kind und Absprachen zu seiner Begleitung schnell und verlässlich zu finden sind.

### Dazu bieten sich drei Orte besonders an, um Informationen bereitzuhalten:

- In dem aussagekräftig gestalteten Portfolio eines jeden Kindes erfahren Erzieher und Eltern vieles über dessen Stärken, Besonderheiten und seinen Entwicklungsverlauf. Damit Eltern und Kinder die Möglichkeit haben, jederzeit im Portfolio blättern zu können, sollte dieser Ordner in einem für Kinder und deren Eltern, nicht aber für Fremde zugänglichen Bereich der Krippe stehen.
- Auf den Protokollen der Planungssitzungen des Teams wird festgehalten, welches Kind besondere Aufmerksamkeit oder Förderung braucht. Solche Infos gehen Eltern nichts an, sollten aber in einem für alle Teammitglieder zugänglichen Ordner abgeheftet werden.
- Eine „Kinderakte" sollte Basiswissen über das Kind festhalten.

**Die Kinderakte**

In der Kinderakte finden sich folgende Informationen:

Name und Adresse des Kindes

Geburtsdatum und Geschlecht des Kindes

Anzahl der Geschwister und Position in der Geschwisterreihe

Allergien, gesundheitliche Besonderheiten

Angaben zur familiären Situation

Angaben der Eltern zu der Entwicklung des Kindes bei Aufnahme

Vorlieben des Kindes

Ernährungsbesonderheiten

### Kein Luxus, sondern notwendig: Ein Arbeitsplatz für Erzieherinnen

„Die Dokumentation mache ich meistens daheim, in der Einrichtung haben wir keinen Computer!" Viel zu oft führen unzureichende technische Arbeitsmöglichkeiten in der Krippe dazu, dass Erzieherinnen einen Teil ihrer Arbeit mit nach Hause nehmen und wohl kaum jede der dort geleisteten Stunden als Überstunde abrechnen. Das frustriert schnell – zu Recht.

Zu guten Arbeitsstrukturen gehören also funktionierende PCs, die mit Programmen ausgestattet sind, die für Beobachtung, Dokumentation und Planung notwenig sind und außerdem über einen funktionsfähigen Drucker verfügen. Wie andere Arbeitnehmer haben auch Erzieherinnen Anspruch darauf, an gut ausgestatteten, für Erwachsene geeigneten Arbeitsplätzen tätig zu sein. Schreibtisch, Stuhl, ausreichend Licht und funktionsfähige Arbeitsmaterialien wie Schere, Lineal, Kleber, Papier etc. gehören dazu. Es ist sicherlich möglich, den Arbeitsplatz mit mehreren Personen zu teilen, aber es ist nicht angemessen, Beobachtungen auf Kinderstühlchen hockend auszuwerten oder Portfolioseiten zu gestalten, indem Fotos mit Kinderscheren ausgeschnitten werden und diese dann aber nicht aufgeklebt werden können, weil der Kleber fehlt.

Besprechen Sie also, falls nicht vorhanden, wo Raum für einen solchen Arbeitsplatz ist. Wenn Sie den Platz teilen müssen: Legen Sie verbindliche Zeiten für jede Kollegin fest, zu denen diese verlässlich ihre Arbeiten erledigen kann.

### Fest eingeplant: Vorbereitungszeiten

Unerlässlich für eine zeitgemäße, kindorientierte Arbeitsweise ist es, dass jede Erzieherin über ausreichend individuelle Vorbereitungszeit verfügt, um ihre Beobachtungen auszuwerten und ihre Arbeit im Portfolio, auf Postern oder für die Homepage dokumentieren kann. Legen Sie im Team fest, falls dieses nicht ohnehin durch Vorgaben geregelt ist, dass jeder Mitarbeiterin mindestens 2,5 bis 3 Stunden pro Woche für diese Arbeiten zur Verfügung stehen. Als Krippenleitung müssen Sie zudem absichern, dass auch in Zeiten von Personalmangel jede Kollegin Zeit ohne Kinder vor einem PC verbringen kann. Um das Gefühl von Ungleichbehandlung zu vermeiden und um die Vorbereitungszeiten verlässlich zu machen, ist es sinnvoll, diese im wöchentlichen Dienstplan einzuplanen. Am Ende der Woche muss überlegt werden, ob die vereinbarte Zeit zur Verfügung gestanden hat oder in der kommenden Woche zusätzlich eingeplant werden sollte. Wenig Sinn macht es allerdings, auch die Zeit für Beobachtung im Arbeitsplan festzusetzen. Schließlich wäre es reiner Zufall, wenn die Kinder gerade dann besonders aufschlussreiche Dinge tun, wenn gerade planmäßige Beobachtungszeit ist. Daher empfiehlt es sich, die Arbeitsbedingungen so zu gestalten, dass sie zu jeder Zeit und in jeder Situation Beobachtungen festhalten können.

## Immer griffbereit: Die Kamera

Ein schneller Zugriff auf einen Film- und Fotoapparat bildet eine gute Basis für die Beobachtungsarbeit der Erzieherin. Es muss also organisiert sein, dass die eingekauften Apparate über Film- und Fotofunktionen verfügen, immer aufgeladen sind und genügend Speicherkapazität vorhanden ist. In jedem Gruppenraum sollte mindestens ein Fotoapparat mit Videofunktion vorhanden sein. Besser ist es natürlich, jede Erzieherin mit einer eigenen Kamera auszustatten. Wenn weniger Kameras vorhanden sind, sollten Sie unbedingt eine Regel zum Umgang verabreden, damit alle Bezugserzieherinnen jederzeit wichtige Aktivitäten der Kinder festhalten können: Wo wird sie aufbewahrt, wer lädt wann die Bilder herunter, wo werden diese gespeichert, wie wird sichergestellt, dass der Akku morgens immer aufgeladen ist?

## Das Erzieherregal im Gruppenraum

Sicher, die Materialien in den Räumen müssen für die Kinder zugänglich und jederzeit erreichbar sein, aber der Gruppenraum ist gleichzeitig der Arbeitsplatz der Erzieherin. Hier muss auch die Betreuungsperson all die Dinge vorfinden, die sie für ihre Tätigkeit braucht. Dazu gehören vor allem die Materialien, die für eine Dokumentation und Reflexion der Arbeit notwendig sind: Stifte, Notizhefte, Klebezettel, Klemmbrett mit Papier und Formularen.

## Die Oben-Unten-Raumregel

Gute Erfahrungen haben Erzieherinnen in der Krippe mit der folgenden Raumregel gemacht:

- Der untere Bereich der Wände wird für die Kinder gestaltet: Sie finden hier all das Material vor, das ihre Entwicklung stimuliert. Auch Bilder hängen in ihrer Höhe.
- Der obere Bereich der Wände dient der Arbeit der Pädagogin: Hier bewahrt sie die Dinge auf, die für ihre berufliche Tätigkeit im Gruppenraum notwendig sind. Hier können auch Tafeln oder Poster für die Erzieherin angebracht sein, auf denen sie ihre Notizen oder Ideen vermerken kann.

## Das pädagogische Austauschlager

Nehmen wir den Auftrag ernst, jedes Kind auf Grund seines Entwicklungsstandes und seiner Bedürfnisse zu fördern, müssen wir uns darauf einstellen, dass Raumausstattung und Materialangebot häufig verändert werden müssen.

Zwei Beispiele: Die Kinder der Babygruppe beginnen zu laufen. Jetzt ist es sinnvoll, die Lauflernwagen herauszuholen und den Kindern zur Verfügung zu stellen.

In einer anderen Gruppe lernen die Zweijährigen gerade mit dem Löffel zu essen. Die Erzieherinnen bereiten deshalb ein Tablett vor, auf dem eine Schale mit Maisgrieß gefüllt ist und die Kinder diesen mit Hilfe eines Löffels in eine weitere Schale transportieren sollen. Nach wenigen Wochen werden diese Dinge nicht mehr gebraucht, da andere Lernanreize in den Fokus rücken.

Um Raumeinrichtungen und Materialangebot stets an den Bedürfnissen der Kinder auszurichten, benötigen die Krippen einen Lagerraum, in dem alle Materialien sinnvoll und leicht zugänglich aufbewahrt werden können. Ordentlich sortiert in durchsichtigen und beschrifteten Kisten finden sich hier alle benötigten Materialien, um für die Kinder sinnvolle Tabletts, Schatzkörbe, Materialwannen oder andere Herausforderungen zusammenzustellen. Spielzeuge die gerade nicht dem Entwicklungsstand der Kinder entsprechen, warten in den Regalfächern, in denen auch bereits vorbereitete Tablettangebote stehen. Dieser Raum muss für jede Erzieherin immer zugänglich sein.

## Zweiter Faktor: Werte und Wissen – Darüber sind wir uns einig!

„Für meine Arbeit ist es wichtig, den Kindern viel beim Tun zuzuschauen und daraus Schlüsse abzuleiten. Meine Kollegin macht das weniger. Die vertraut auf ihr über Jahre gewachsenes Repertoire an Angeboten, die gut ankommen!" So sympathisch es klingt, wenn jede Pädagogin größtmöglichen Freiraum genießt – gut zusammenarbeiten kann man in einem Team nur, wenn Grundeinstellungen und Überzeugungen übereinstimmen. So wie sich Erzieherinnen über Grundregeln im Haus einig sein müssen, sollten sie auch Konsens über die Frage der verwendeten Arbeitsinstrumente herstellen. Es ist wichtig, dass ein Team sich einig ist und gemeinsam an einem Strang zieht, sonst kann die Arbeit nicht gelingen. Eine gute Leitung sollte dafür sorgen, dass alle Pädagogen im Team von der gewählten Beobachtungs- und Dokumentationsmethode überzeugt sind und diese auch ausführen.

Allerdings nützt es nichts, wenn die Pädagogen versuchen, den Kreislauf von Beobachtung, Reflexion, Planung und Dokumentation auszuführen, ihnen aber elementares Wissen fehlt. Wissen kann man durchaus beim praktischen Tun erwerben. Etwa, indem Sie immer wieder gemeinsam im Team beobachtete Situationen besprechen, um vom Wissen und den Erfahrungen der Anderen zu profitieren. Präsentieren Sie Beobachtungssequenzen in Form von Fotos und Filmen bei Teamsitzungen, um gemeinsam auszuwerten, was daran zu erkennen ist – allmählich wird daraus eine gemeinsame Methode. Nicht alles erlernt man im gegenseitigen Austausch. Eine ambitionierte Krippenleiterin sorgt zusätzlich dafür, dass die Teammitglieder regelmäßig zu Fortbildungen gehen können. Fest eingeplante Fortbildungszeiten und -kosten sind dabei eine gute Hilfe.

# Dritter Faktor: Beziehungen – Wir arbeiten mit- und füreinander

Der dritte Faktor für kindzentriertes Arbeiten ist wohl der wichtigste – und derjenige, der am schwierigsten zu beeinflussen ist. Alle die von uns vorgestellten Arbeitsinstrumente setzen Beziehung voraus und verändern die Beziehungen unter den Beteiligten in der Krippe. Die Erzieherinnen arbeiten intensiver miteinander, statt nebeneinander her in ihren Gruppen. Mit den Eltern wird etwas gemeinsam angegangen, über gemeinsame Ziele für das von beiden Seiten geliebte oder geschätzte Kind gesprochen. Das ist viel enger und emotionaler als die klassische, informierende Elternarbeit. Vor allem intensiviert sich unter der Hand auch die Beziehung zu manch einem Kind, das man plötzlich intensiv beobachtet, während es früher vielleicht allzu oft aus dem Blickwinkel gerutscht ist. Auch das Verhältnis der Eltern zu ihrem Kind kann sich ändern, wenn sie plötzlich dessen Entwicklungsbedürfnisse erkennen.

All dieses setzt Mut zur Nähe voraus. Nähe, um offen miteinander zu sprechen. Nähe, die bedeuten kann, dem anderen zu sagen, dass man mit seinen Auffassungen nicht übereinstimmt, statt den anderen Seins machen zu lassen. Nähe, um sich beim Erreichen gemeinsamer Ziele gegenseitig zu unterstützen. Gute Arbeit in der Krippe braucht tragfähige Beziehungen. Gute Arbeit in der Krippe lässt Beziehungen wachsen. Das Kind von Anfang an erleben lassen, dass es in einem Beziehungsnetz gut aufgehoben ist: Welch ein gutes Ziel für die Krippe!

**Fortbildungen, die für eine sinnvolle Reflexion der Beobachtung notwendig sind:**

Entwicklung der Kinder von 0-3

Besonderheiten im Verhalten der kleinen Kinder

Spiel der Kinder von 0-3

So lernen Kinder unter 3

Materialangebote für Kinder unter 3

Raumgestaltung für Kinder unter 3

Herausforderungen und Stimulanzen für die Entwicklung von Kindern unter 3

# Datenschutz und Beobachtung

Beim Beobachten und Dokumentieren werden in der Krippe viele personenbezogene Daten gesammelt. Diese sind sicher und vor unberechtigtem Zugriff geschützt aufzubewahren. Was aber tun, wenn die Krippenzeit vorbei ist und das Kind in die Schule geht?

Was geschieht zum Beispiel mit den Portfolios am Ende der Krippenzeit oder beim Wechsel in einen anderen Kindergarten? Klar ist, dass das Portfolio nun in der Einrichtung nicht mehr gebraucht wird und mit dem Ende des Betreuungsverhältnisses auch die rechtliche Grundlage für die Aufbewahrung entfällt. Es ist daher sinnvoll, den Eltern das Portfolio dann auszuhändigen. Sollten die Eltern daran kein Interesse haben, dann muss das Portfolio vernichtet werden. Keinesfalls darf es direkt an nachfolgende Institutionen übergeben werden. Gleiches gilt auch für Stufenblätter oder andere Dokumentationsblätter zur Entwicklung. Sogar die Ergebnisse der sogenannten Sprachstandstests dürfen nur an die Eltern übergeben werden. Auch sämtliche damit verbundene Unterlagen sind am Ende der Betreuungszeit entweder den Eltern zu übergeben oder zu vernichten.

Es gibt aber Unterlagen, die selbst nach dem Ende der Betreuungszeit in der Krippe im Rahmen der gesetzlichen Aufbewahrungsfrist von bis zu 6 Jahren in der Einrichtung oder beim Träger aufbewahrt werden müssen. Dazu gehören Vertrags- und Abrechnungsunterlagen genauso wie Nachweise zu Kinderunfällen und Einwilligungserklärungen. Wie sieht es aber mit mündlichen Auskünften aus? Auch hier gilt, dass keine personenbezogenen Daten an Dritte weiterzugeben sind. So hat vielleicht die nachfolgende Grundschule vor der Einschulung ein Interesse daran, sich beim Kindergarten über mögliche Verhaltensauffälligkeiten der Kinder zu informieren. Solche Auskünfte sind genauso unzulässig wie Auskünfte zur geistigen Entwicklung oder zum sozialen Status. Einzig die Erziehungsberechtigten oder wenige Behörden sind in solchen Fällen auskunftsberechtigt. Daher unser Tipp: Sollten solche Anfragen an die Krippe herangetragen werden, empfiehlt es sich, die Eltern zu informieren und keine Informationen ohne deren ausdrückliches schriftliches Einverständnis herauszugeben.

Auch die Aushänge in der Krippe können schon viele personenbezogene Daten enthalten. Hier ist vor allem darauf zu achten, dass niemals mehrere personenbezogene Daten in Zusammenhang gebracht werden können. Daher dürfen niemals Vor- und Nachname gemeinsam auf Aushängen genannt werden. Auch Kombinationen aus Nachname und Geburtsdatum oder ähnliches sind unzulässig.

Lotusplan

Zeitraum:

| | | | | | | | | |
|---|---|---|---|---|---|---|---|---|
| | | | | | | | | |
| | | | | | | | | |
| | | | | | | | | |
| | | | | | | | | |
| | | | | Was tun die Kinder | | | | |
| | | | | | | | | |
| | | | | | | | | |
| | | | | | | | | |
| | | | | | | | | |

# Autoren

## Antje Bostelmann

Antje Bostelmann, geboren 1960, gründete als ausgebildete Erzieherin und bildende Künstlerin 1990 eine Kindermalschule, die unter dem Namen KLAX schnell bekannt wurde – und heute zu einem überregionalen Bildungsträger mit Krippen, Kindergärten und Schulen in Deutschland und Schweden geworden ist. Über das diesen Einrichtungen zugrunde liegende Konzept der KLAX-Pädagogik, das die Potenziale eines Kindes in den Mittelpunkt stellt, hat sie viele Bücher geschrieben und Vorträge gehalten. Als dreifache Mutter und zweifache Großmutter kennt sie die hohen Erwartungen an Krippe, Kindergarten und Schule aus eigener Erfahrung – und weiß als Pädagogin, worauf es ankommt, will man mit den Eltern zusammen für das Kind arbeiten.

## Michael Fink

Michael Fink, geboren 1967, absolvierte ein künstlerisch-pädagogisches Studium. Auch er kennt beide Seiten der Erziehungspartnerschaft: Als dreifacher Vater hat er einen Kinderladen mitbegründet, Eltern-Kind-Kurse geleitet, mit Kindern künstlerische Projekte durchgeführt und mehrere Erlebnisausstellungen für Kinder und Pädagogen entwickelt. In Weiterbildungen, Büchern und Fachtexten arbeitet er mit Erzieherinnen und Erziehern an der Frage, welche Bedingungen Kinder für eine gute Entwicklung brauchen und wie man Eltern dafür begeistern kann.

# Literaturhinweise


Bostelmann, Antje
Fink, Michael
Seht mal, was ich kann!
Das heuristische Lernen von Kleinkindern
Bananenblau 2012

Bostelmann, Antje (Hrsg.)
Stufenblätter für die Krippe
Bananenblau 2010

Bostelmann, Antje (Hrsg.)
Stufenblätter für Kita und Kindergarten
Bananenblau 2010

Bostelmann, Antje (Hrsg.)
Das Portfolio-Konzept für die Krippe
Verlag an der Ruhr 2008

Bostelmann, Antje (Hrsg.)
So gelingen Portfolios in der Krippe
Verlag an der Ruhr 2009

Bostelmann, Antje (Hrsg.)
Praxisbuch Krippenarbeit.
Verlag an der Ruhr 2008

Bostelmann, Antje (Hrsg.)
Krippenarbeit Live DVD.
Verlag an der Ruhr 2010

Largo, Remo
Kinderjahre: Die Individualität des Kindes als erzieherische Herausforderung
Piper 2009

Largo, Remo
Babyjahre: Die frühkindliche Entwicklung aus biologischer Sicht
Piper 2003

Textor, Martin R.
Bildungs- und Erziehungspartnerschaft in Kindertageseinrichtungen
BoD 2006

Renz-Polster, Herbert
Kinder verstehen. Born to be wild: Wie die Evolution unsere Kinder prägt.
Kösel-Verlag 2009

Renz-Polster, Herbert
Menschenkinder: Plädoyer für eine artgerechte Erziehung
Kösel-Verlag 2011

van Dieken, Christel
Was Krippenkinder brauchen
Herder 2012